円滑化法改正でこう変わる！

マンション建替えがわかる本

日下部理絵・本山千絵 著

学芸出版社

はじめに

今、多くのマンションが、〝建物の老朽化〟と〝住民の高齢化〟という二つの老いに直面しています。築30年以上のマンションは、平成23年度末に100万戸を超え、さらに平成32年度末には200万戸を超えると推測され、これからの10年、旧耐震基準・高経年マンションは続々と建替え問題に直面するでしょう。しかし、現状の建替え実績は196件、約1万5500戸にとどまっています。

この背景には、建替え費用や仮住居等の資金面の問題と、法改正や都市計画の変更等によって現行法規に適合しない部分がある「既存不適格建築物」等、複雑かつ多岐に渡る法律面の問題があります。また、マンションや管理組合の特性を良く知り、管理組合特有の合意形成を助ける建替えの専門家がまだまだ限られていることや、建替えの初期検討時に説明すべき、管理会社のフロント担当者等に建替えの正しい知識がなく、区分所有者等に正しい提案ができていないことも要因として考えられるでしょう。

国としても、これらの事情や巨大地震の発生に備える必要性から、耐震性不足のマンションの耐震化の促進が喫緊の課題であるとして、建替えの法整備を進め、平成26年12月に「マンションの建替えの円滑化等に関する法律」の一部改正が施行されました。本書では、この改正で制定された「マンション敷地売却制度」や「容積率の緩和特例」についても解説しています。近い将来必ず来るマンションの建替えについて、検討を開始する際の基礎知識から最新情報までをわかりやすくまとめました。また、建替え後のイメージがつかめる成功事例も多数収録しています。マンション住民・管理組合はもとより、管理会社のフロント担当者、不動産・建築に携わる皆さまの建替え検討時の初歩的バイブルとして、ご活用いただければ幸いです。

日下部理絵・本山千絵

実践篇 3 法改正後の賢い進め方

基礎篇

知っておきたい基礎知識

1

マンションの建替え時期はいつ？

同じ築年数のマンションでも、管理の善し悪し等によって、印象に大きな差があります。また一見、綺麗に見える建物でも劣化している可能性もあります。

マンションも人間と同じように長寿命化するためには、定期的なメンテナンス等を行うことが重要です。そのため、あらかじめ長期修繕計画を作成し、計画に基づきおおよそ10年～12年周期で、高額の費用を伴う大規模修繕や改修等を実施します。この長期修繕計画と実際の建物状況に応じて、適切な時期に見合った大規模修繕や改修等が実施されているかどうかが、劣化状況に大きく影響します。

つまり、建替えの時期を判断する“建物の老朽化”は、築年数だけでは判断できないのです。第1章では、大規模修繕と長期修繕計画、建物の老朽化とマンションの建替え時期を客観的に判断する簡易判定、よく聞く「旧耐震基準」や「新耐震基準」について解説しています。

1 建物が古くなってきたなと感じたら

建物全体の汚れ、タイルの剥がれ、デザイン等を見た時に、このマンションも古くなってきたなと思う方が多いのではないでしょうか。それは建物も人間と同じように建てられた時から劣化するためです。人間が健康で長生きするために定期的に健康診断を受け予防や早期治療を行うように、建物も長寿命化するためには、定期的に修繕、設備の更新等を行うことが重要です。

長期修繕計画と修繕積立金

この定期的な修繕等に備え、予め計画的な**長期修繕計画書**を作成し、この計画に基づき、おおよそ10年〜12年周期で実施される、高額の費用を伴う大規模修繕や小修繕を必要な時期に実施できるよう修繕積立金を積み立てます。この長期修繕計画と建物状況に応じて実施された修繕等によって長寿命化できるかが決定します。例えば、建物躯体の耐震性が低下すれば人命に関わるため、計画外でも先延ばしできませんし、エレベーターの更新は多額の費用を伴いますが、長期修繕計画の作成年数によっては考慮されておらず、一時金が発生するケースもあります。また、建物の築年数が経過するほど修繕費用が増大するということも考慮しておかなければなりません。他にも劣化を緩やかにするポイントとして、清掃やメンテナンス状況があります。

計画的に修繕と建替えを検討しよう

築年数にも関わらず古さを感じさせない建物は、これら日常管理がしっかりと行われているため、劣化スピードが緩やかなのでしょう。実際には、建物の構造、設備の種類、外装材の種類等によって、内容や費用も変わります。また、近年のコンクリート性能や寿命、設備機器の性能、利便性等は飛躍的に進歩しています。将来に渡る費用対効果も考慮しながら、修繕と建替えを検討しましょう。

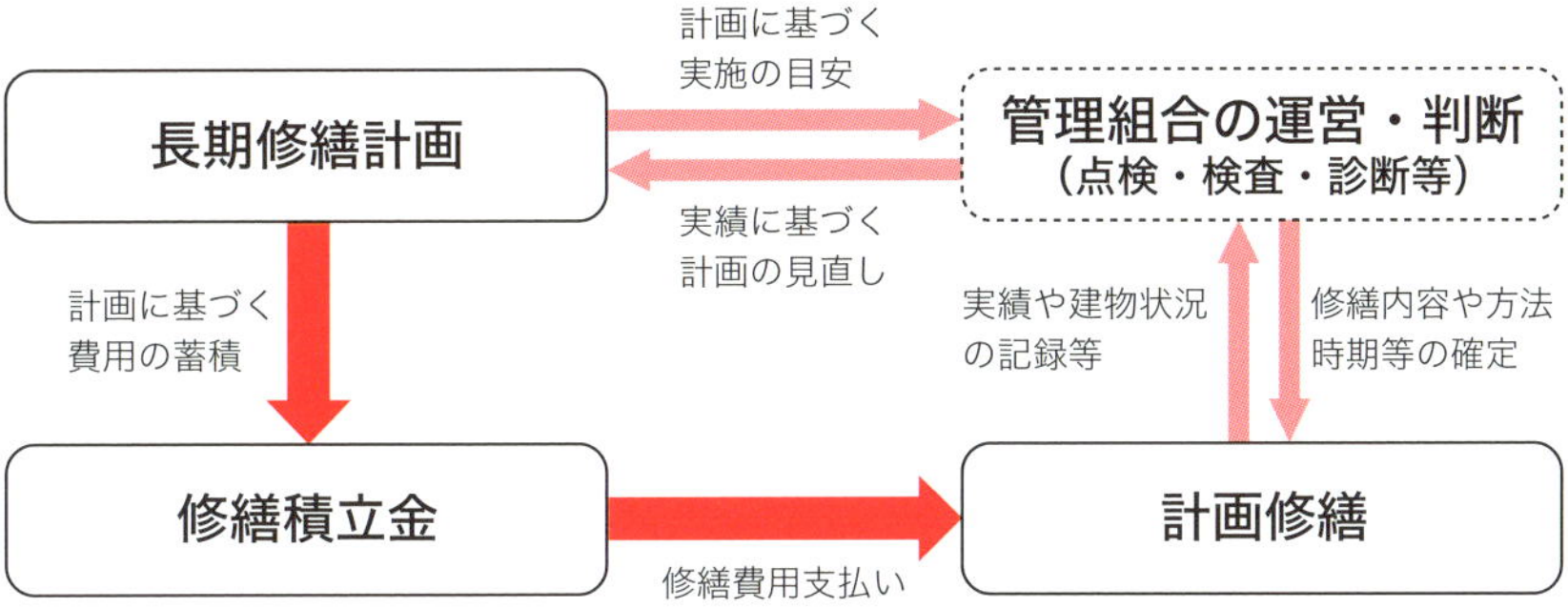

計画修繕・長期修繕計画・修繕積立金の仕組みの運営概念（出典：『月刊リフォーム』、テツアドー出版）

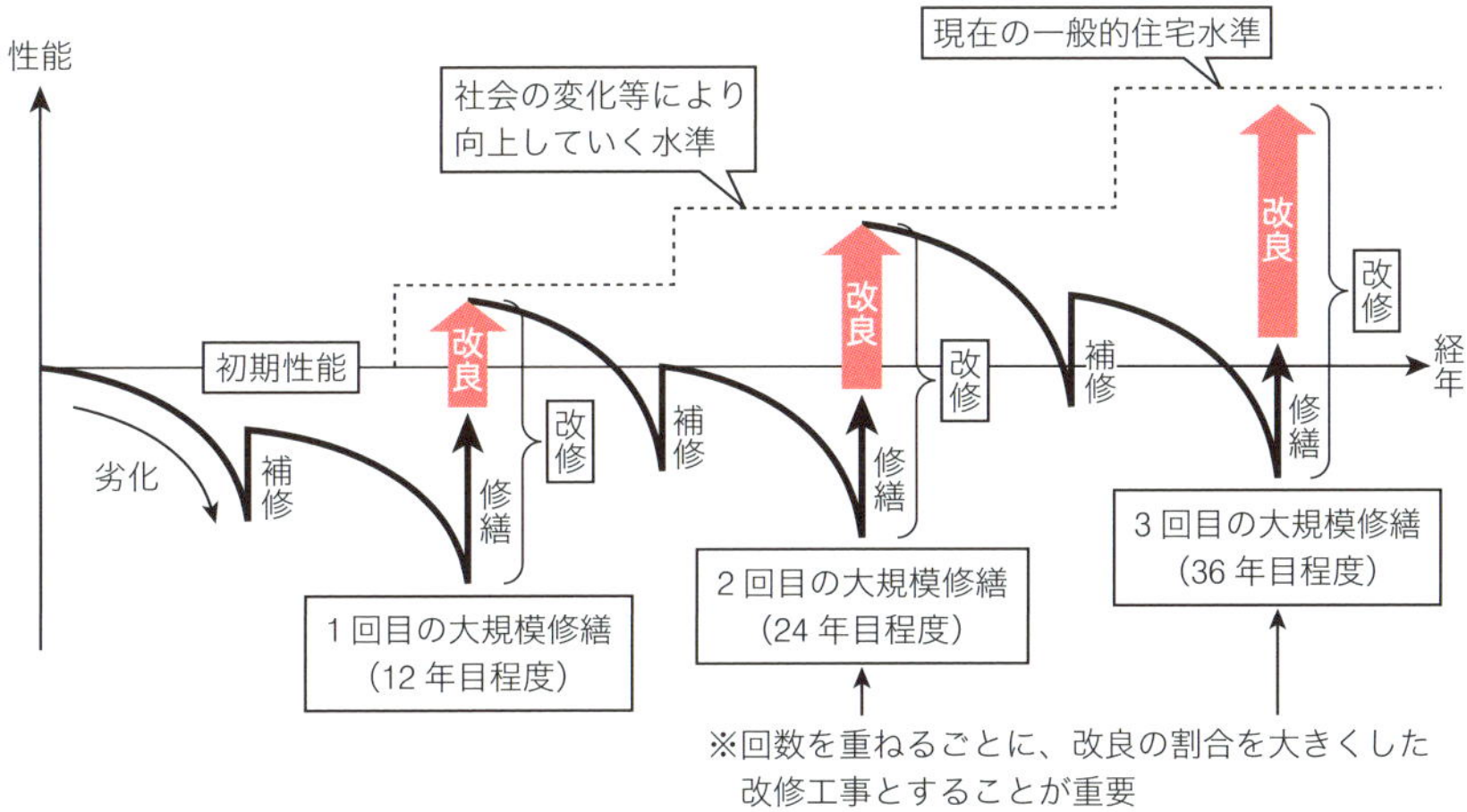

修繕：劣化した建物またはその部分の性能・機能を実用上支障のない状態まで回復させる工事
改良：建物各部の性能・機能をグレードアップする工事
改修：修繕及び改良（グレードアップ）により、建築物の性能を改善する変更工事

計画修繕・改修の重要性（出典：国土交通省『マンションの改修・建替え等について』p.13）

2 そのまま放置すると

行きつく先は「スラム化」

現在、約６００万戸あるマンションストック戸数のうち、１００万戸超は築30年以上と言われています。この古くなってきた建物を放置していると、いずれ「**スラム化**」します。スラム化すると、タイルの一部剥落、ベランダや廊下の手摺の落下、共用施設の破損・汚損、放置自転車の増加、管理費と修繕積立金の滞納等が起こり得ます。この背景には、管理組合の財務状況、居住者間のコミュニティ形成が大きく関係し、管理組合にとって十数年に一度の大イベントと言える大規模修繕や小修繕、日常における建物・設備のメンテナンスが実施されないことが起因しています。スラム化の特徴は、「高経年・高齢化で二つの老いが進行」「区分所有者の大半が居住せず、空室や賃貸化」「繁華街や都市部に立地し事務所や店舗が多い」「ワンルーム等の投資傾向が強い」等が挙げられます。一般的には、高経年のマンションほど、スラム化しやすいと言われていますが、築20年にも満たない建物でもスラム化の影は迫っています。郵便受けからチラシが溢れている、臭い・汚い・暗い、空き家、区分所有者の連絡先が不明、等はまさにスラム化の始まりと言っても過言ではなく、左図のような負のスパイラルに陥ります。

放置せず現状の見直しを

管理や修繕をすべき時期に行わないと、陳腐化で資産価値も下がります。所有している限り、管理費や修繕積立金、固定資産税等の維持費はかかり、負の財産では相続側も困りものです。また、避けて通れない「建替え」においても問題の先送りの傾向が強くなります。こうなる前に、長期修繕計画や修繕積立金を見直し、居住者間のコミュニティ形成、建物の劣化状況を把握しましょう。

スラム化への「負のスパイラル」

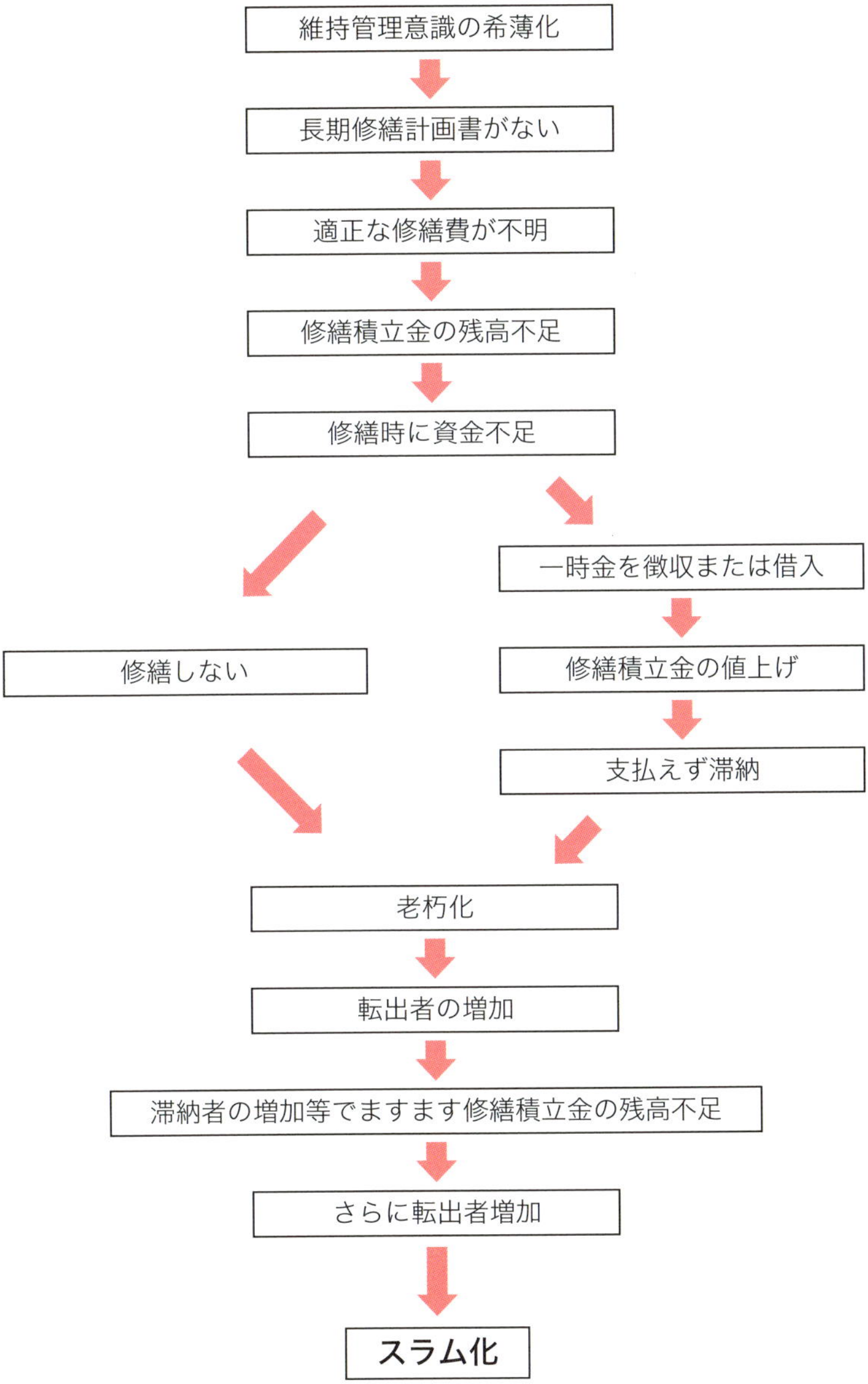

3

築年数だけでは判断できない「建物の老朽化」

同じ築年数の建物でも、「綺麗だな」と感じたり、「管理が行き届いていない」と感じたり、印象は様々です。また一見、綺麗に見えても建物が老朽化で劣化していることがあります。この建物の劣化は、物理的劣化（経年劣化）と機能的劣化（陳腐化）、社会的劣化の三つに分類することができます。

建物の「三つの劣化」

物理的劣化とは、竣工から年月が過ぎた建物は、雨水や排気ガス、その他化学的要因及び長年の使用による物理的要因によって使用材料・機器の劣化が始まり、進行することを言います。この劣化に応じて定期的な修繕が必要となり、建物全体に劣化が広がると大規模修繕が必要です。

機能的劣化とは、技術進化により建物の建築時に比べて高性能・小型化された設備機器や材料が開発された結果、性能が低下していなくても相対的に劣化（陳腐化）することを言います。また法改正により、法令の基準に適合しなくなることもこれにあたります。例えば、新耐震基準（昭和56年6月1日以降）前に建築確認を受けた建物等が該当します。

社会的劣化とは、社会的な要求が時代とともに変化するために生じる、高度情報化や部屋構成等に対応できない劣化を言います。インターネットやオール電化対応、MEMS対応のスマートマンション（160頁参照）、防犯システムが完備されているマンションが販売されている現在、このようなニーズに対応できない等がこの劣化にあたります。

維持保全は竣工から解体まで

つまり、建物の良好な維持保全を実施するためには、建物の竣工後だけでなく企画・設計段階から解体に至る建物の生涯（ライフサイクル）を通じた維持保全を実施する必要があります。

三つの「建物の劣化」

種類	意味
物理的劣化	竣工から年月が過ぎた建物は、雨水や排気ガスその他化学的要因、および長年の使用による物理的要因によって使用材料・機器の劣化が始まり、進行します。 この劣化に応じて定期的な修繕が必要となり、劣化が建物全体に広がると大規模修繕が必要となります。
機能的劣化	技術の進化により、建物建築時に比べて高性能・小型化された設備機器や材料が開発された結果、性能が低下していなくても相対的に劣化（陳腐化）することがあります。 また、法改正により、法令の基準に適合しなくなることも、これにあたります。具体的には、新耐震基準※前に建築された建物等が該当します。
社会的劣化	社会的な要求が時代とともに変化するために生じる劣化のことで、高度情報化や部屋構成等に対応できないことで生じる劣化のことです。 インターネットやオール電化対応マンションや、防犯システムが完備されているマンションが販売されている現在、このようなニーズに対応できないものがこの劣化にあたります。

※：新耐震基準は、昭和 56 年 6 月 1 日以降に着工した建築物に適用されます。
（出典：一般社団法人マンション管理員検定協会『改訂版 マンション管理員検定公式テキスト』日本能率協会マネジメントセンター、2013 年、p.35）

日常管理

・日常の清掃
・部分的な細かい小修繕
（エントランス等の建具の調整、オートロックのオーバーホール等）

→ 老朽化スピードの抑制

大規模修繕

修 繕
・劣化した部分を使用上問題ないように回復

＋

改 良
・建物の設備や材料をグレードアップ

→ 改修

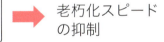

4 「建物の劣化症状」を判断する基準

多くのマンションは、鉄筋コンクリート造の建物となっており、この建物の劣化症状には、左表のようなものがあります。「建物が古くなってきたなと感じたら（10頁参照）」で前述したとおり、定期的な修繕等に備え、予め作成された長期修繕計画に基づき大規模修繕や小修繕を実施します。高額の費用を伴う大規模修繕工事は、おおよそ10年〜12年周期で実施され、工事項目としては、外壁改修・塗装・防水工事等が挙げられます。

築年数に加えて施工状況が重要

建物の劣化状況を判断する目安としては、そもそも建物状況に合った長期修繕計画書が作成されているか、実際の建物の劣化症状を把握し、それに見合った適切な時期に工事が実施されているかが大きく影響します。それは時の経過によって、工事項目ごとに必要な実施時期や修繕方法が違うためです。

また、施工方法や質によって寿命への影響が大きく異なります。例えば、沖縄のアパート廊下が倒壊するという衝撃的な事故がありましたが、その原因として、適切な処理がされていない海砂がコンクリートに使用されていた可能性があるそうです。

このように、一概に築年数だけでは判断できないのです。

現在と30年以上前では基準が違う

現在の施工時の監理は、構造計算書の偽装事件を受けて、試験結果を設計者、行政や確認審査機関が目視及び写真で細かくチェックするシステムに変わりました。また、建替えを検討しはじめる築30年以上の建物が施工された当時は、施行者の技術、監理体制に頼った判断で、現在とは大きくチェック基準も違います。

このように、時の経過とともに判断基準も大きく変更されているのです。

建物の劣化症状

建物の劣化症状には、次のようなものがあります。

種類	内容
剥落	経年劣化により仕上げ材が剥がれ落ちた状態、あるいは浮いていたコンクリートが剥がれ落ちた状態です。マンションのコンクリート片の剥落は居住者だけでなく、通行人も危険に巻き込む可能性があります。そのため、軽微であっても早急な修繕が必要となります。
錆鉄筋露出	腐食した鉄筋が表面のコンクリートを押し出し、剥離させ、露出した状態です。点状、線状、ひどい場合には網目状に露出することもあります。
エフロレッセンス(白華現象)	コンクリートの中の水分、もしくはひびから入った雨水がセメントの中の石灰等を溶かし、この溶液が表面に出てきて炭酸ガスと混じって固まり、白く結晶したものです。
ひび割れ(クラック)	コンクリートの中性化が原因で鉄筋が腐食し、それが原因で起こる場合があります。また、コンクリートの乾燥収縮によってもひび割れは起こります。
サビ汚れ	腐食した鉄筋の錆がひび割れから流れ出て、表面に付着している状態です。
ポップアウト	コンクリート内部の膨張圧が原因で、表面部分にクレーター状のくぼみができている状態です。
中性化	アルカリ性であるコンクリートが、空気中等に存在する炭酸その他の酸性ガス等の作用によって、アルカリ性が失われる現象を言います。これにより、コンクリート内部にある鉄筋が錆びて膨張し、コンクリートのひび割れが生じることがあります。

(出典:一般社団法人マンション管理員検定協会『改訂版 マンション管理員検定公式テキスト』日本能率協会マネジメントセンター、2013年、p.35〜36)

剥落

エフロレッセンス(白華現象)

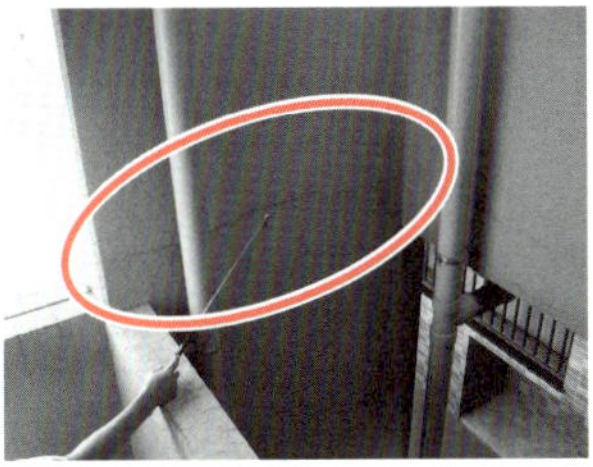

ひび割れ(クラック)

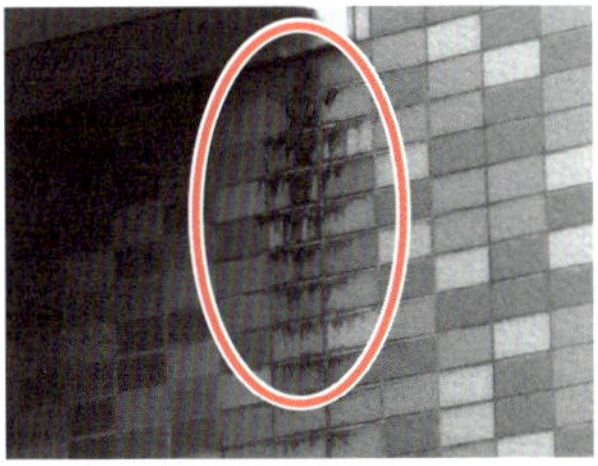

サビ汚れ

建物の劣化症状(出典:一般社団法人マンション管理員検定協会『改訂版 マンション管理員検定公式テキスト』日本能率協会マネジメントセンター、2013年、p.36)

5 建替えか？ 大規模修繕・改修か？

まずは現況の把握

高経年マンションの選択肢は、建替えだけではありません。

前述のように「建替え」「大規模修繕・改修」を行うかの判断は、単純に築年数だけでは判断できないため、まずはマンションの修繕や改修の履歴、長期修繕計画の内容、建物の現況を把握します。

そして現況について、区分所有者や居住者が感じている不満・問題点・今後の意向等をアンケート等で調査します。

次に「建替え」「大規模修繕・改修」を判断する流れを見ていきます。

「安全性判定」と「居住性判定」

専門家に詳細な調査を依頼する前に、まずは管理会社の建築部署や管理組合の建築に詳しい居住者等で、老朽化の状況について簡易的な判定をします。この簡易判定には、大きく分けて「安全性判定」と「居住性判定」の二つがあります。

「安全性判定」は、国土交通省のマニュアルを基準に構造安全性と防火・避難安全性（左表）の両観点から判断します。いずれも人命に関わる重要な判定であるため、一つでも該当すれば、専門家の詳細な判定を受ける必要があります。

また、「居住性判定」では、躯体及び断熱仕様に規定される居住性と設備の水準とエレベーターの設置状況で判断します。「安全性判定」と違い、該当する項目がある場合、専門家に調査依頼するかは管理組合の判断によります。この「安全性判定」と「居住性判定」については、次項で詳しく見ていきます。

「建替え」「大規模修繕・改修」のいずれを実施するにしても、現況データや調査結果等の情報を区分所有者や関係者等で共有し、正しい知識を蓄積していかなければ、後々の合意形成が困難となるでしょう。

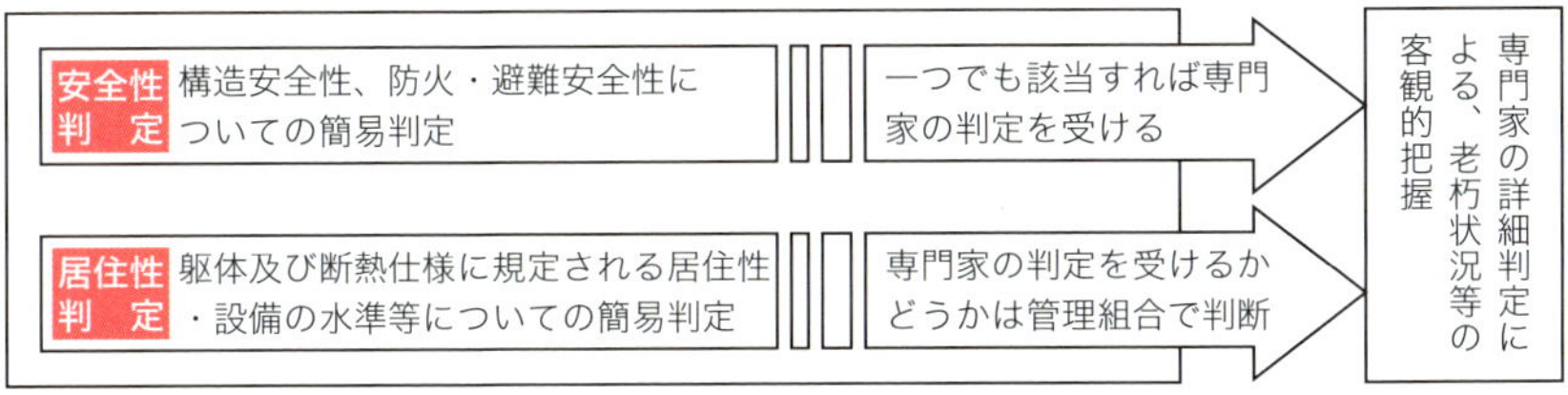
安全性判定
構造安全性、防火・避難安全性についての簡易判定
一つでも該当すれば専門家の判定を受ける
居住性判定
躯体及び断熱仕様に規定される居住性・設備の水準等についての簡易判定
専門家の判定を受けるかどうかは管理組合で判断
専門家の詳細判定による、老朽状況等の客観的把握

管理組合向けの簡易判定の体系（出典：国土交通省「マンションの建替えか修繕かを判断するためのマニュアル」p.6）

安全性の判定

	確認項目	確認結果	想定される問題
1 構造安全性	①マンションの建築確認がなされた年は1981（昭和56）年6月1日以前か	□以前である □以降である	⇒耐震性能が低く、地震時に危険のある可能性がある
	②ピロティや、壁のない独立柱はあるか	□ある □ない	
	③外壁や柱、梁《はり》等にひびが入っているところが目立つか	□目立つ □目立たない	⇒建築材料が劣化しており、建物の構造安全性や耐久性に支障のある可能性がある
	④外壁や柱、梁等のコンクリートが欠けたり、剥がれたりしているか	□剥がれている □剥がれていない	
	⑤庇《ひさし》やバルコニーの付け根にひび割れがみられるか	□みられる □みられない	
	⑥外壁のタイル等が浮いたり、剥がれ落ちたりしているか	□剥がれている □剥がれていない	
	⑦雨漏りや、上階からの漏水が目立つか	□目立つ □目立たない	
	⑧本来勾配《こうばい》のない建物本体の床版（エントランスホールや階段室の踊り場等）にビー玉を置くと自然に転がるか	□転がる □転がらない	⇒建物が傾斜しており、構造安全性や日常生活に支障のある可能性がある
2 防火・避難安全性	⑨共用廊下や階段の幅員はどのくらいか（共用階段900mm未満、共用廊下1200mm未満の場合は問題あり。ただし、両側に住戸がある廊下は幅1600mm未満、避難用階段では幅1200mm未満で問題あり）	＿＿＿＿mm □幅員が足りている □幅員が足りない	⇒火災等が起こった時に、避難上の危険がある可能性がある
	⑩バルコニー側から隣の階段室の住戸または下階の住宅に容易に避難できるか	□避難できる □避難できない	
評価	上記項目について、二重線（問題ありの可能性があるもの）に該当するものがあるか	□ある ⇒当該項目について、専門家による判定を受ける必要がある □ない ⇒居住性判定の結果とあわせて、専門家による判定を受けるかどうかを管理組合で判断する	

（出典：国土交通省「マンションの建替えか修繕かを判断するためのマニュアル」p.7）

6

簡易判定「安全性判定」と「居住性判定」

安全性判定

構造安全性については、廊下や階段等の共用部分は、目視で確認し、バルコニーや庇等、専有部分からしか確認しにくい部分については、居住者に事前通知し立入検査をします。コンクリートは、陽当たりの条件等で、劣化に差が出ることがあるので、建物全体の把握のため、専有部分の確認も行います。

また、雨漏りや漏水の有無については、天井材、クロスのしみ等で判断できます。全住戸にアンケート等で調査しましょう。

防火・避難安全性は、現行の建築基準法、消防法に基づき判定します。所轄消防署からの指摘等の記録があるかも確認しましょう。

居住性判定

躯体及び断熱仕様に規定される居住性については、生活上の感覚を重視するため、あえて居住者の感覚で判断できる項目を入れます。このように、いくつかの項目については、居住性の主観的要素が大きくなります。また、左表のチェック項目以外にもアンケート等で居住者が不便に感じている点がないかも調査しましょう。この際、高齢者世帯では、アンケートだけでなく、実際に話を聞く方法も有効です。

左表の「設備の水準」の給排水設備は、上層階と下層階によって条件に差がでることがあるので、全住戸にアンケート等で調査しましょう。

エレベーターの設置状況は、左表では四階以上の建物かつ高齢者の対応が必要な場合となっていますが、高齢者、車いす使用者の居住性としては、低層でも特に重要な項目と言えます。このように、簡易判定とはいえ、これらの判定結果は「建替え」「大規模修繕・改修」を実施する上で重要な判断材料になるため、丁寧にしっかりと行いましょう。

居住性の判定

	確認項目	確認結果	想定される問題
3 躯体及び断熱仕様に規定される居住性	①部屋（天井）の高さに圧迫感等を感じている者が多いか	□多い □多くはない	⇒階高が十分ではない可能性がある
	②上階や隣戸のトイレの水を流す音が聞こえるか	□聞こえる □聞こえない	⇒建物の遮音性に問題のある可能性がある
	③住棟外部から１階住戸までのアプローチ部分に段差があるか	□ある □ない	⇒バリアフリー対応（高齢者対応）が十分でない可能性がある
	④住棟外部から１階のエレベーターホールまでの段差部にスロープがあるか	□ある □ない	
	⑤玄関扉やポーチ部分に大きな段差があるか	□ある　□ない	
	⑥浴室やトイレの出入口部分に大きな段差があるか	□ある □ない	
	⑦共用廊下や階段、住棟へのアプローチ部分に補助手すりが設置されているか	□設置されている □設置されていない	
	⑧サッシのまわりから「すきま風」が入ってくるか	□入ってくる □入ってこない	⇒断熱性に支障のある可能性がある
	⑨住戸内に結露が目立つか	□目立つ □目立たない	
	⑩住戸が狭いと感じているか者が多いか	□多い　□多くはない	⇒住戸面積が現在の一般レベルからみて十分でない可能性がある
	⑪洗濯機置場がなくて不便と感じている者が多いか	□多い □多くはない	
4 設備の水準	⑫赤水が出ることがあるか	□出る　□出ない	⇒給水設備が劣化している可能性がある。また、劣化した給水設備の点検や交換が容易ではない
	⑬シャワーの水圧等は充分か	□充分　□不充分	
	⑭給水管がコンクリートの中に埋設されていないか	□埋設されている □埋設されていない	
	⑮排水管が詰まることがよくあるか	□よく詰まる □詰まらない	⇒排水設備が劣化している可能性がある。また、劣化した排水設備の点検や交換が容易ではない
	⑯排水管がコンクリートの中に埋設されていないか	□埋設されている □埋設されていない	
	⑰一度に色々な家電製品を使うとヒューズが飛ぶことがあるか	□ある □ない	⇒電気容量が現在の一般レベルからみて不足している可能性がある
5 エレベーターの設置状況	⑱４・５階建ての住棟にエレベーターはあるか	□ある □ない	⇒バリアフリー対応（高齢者対応）が十分でない
評価	上記項目のうち、二重線（問題ありの可能性があるもの）に該当する項目はいくつあるか？また、該当項目に対する管理組合の不満は大きいか・改善ニーズは大きいか	項目／18項目 ⇒上記の該当項目の結果と、その項目に対する区分所有者の不満や改善ニーズの大きさ等を踏まえて、各項目について専門家判断を受けるかどうかを管理組合で決める	

（出典：国土交通省「マンションの建替えか修繕かを判断するためのマニュアル」p.8）

7 専門家による判定

専門家に依頼する前に

簡易判定「安全性判定」と「居住性判定」の結果、安全性に問題がある場合、早急に専門家に調査依頼し詳細な判定を受けましょう。

ただし、費用がかかるため、まずは、ご自身のマンションが特殊建築物等定期調査（建築基準法第12条第1項）を行っているかどうかを調べ、行っていた場合は、これらの調査データを有効活用するといいでしょう。

また、専門家に依頼する場合も全てお任せではなく、区分所有者等の意向をアンケート等で踏まえ、補足部分のみを依頼するといいでしょう。

判定結果をどう活かすか

19頁・21頁の判定チェック表の判定結果は、グレードA～Cで表記されます。グレードAは全て問題がなく、BやCだった場合は、修繕や改修でグレードAまで性能を回復させる見積を取得しましょう。予算との関係もありますが、修繕や改修で改善効果が期待できることが多いでしょう。また、区分所有者等から住まいに対する不満や希望等のニーズを把握します。さらに、近年の建築設備の技術は日進月歩とも言えるため、説明会等を開催し、知識を習得する場を設けましょう。

これらの判定結果と区分所有者等のニーズに応じて、左表のように「修繕・改修では安全性の確保が不可能」「修繕・改修では改善ニーズの強い区分所有者等に関する要求改善水準が実現できない」「建替えの場合に、要求改善水準が実現できない」「建替え、修繕・改修ともに要求改善水準が実現できる」の四つに大きく分類できます。

それぞれの予算と何が実現できるのかを比較検討し、勉強会等で正しい知識を得た上で、建替えか修繕・改修かの判断を導き出していきましょう。

ケース1：修繕・改修では安全性の確保が不可能な場合　⇒判定：「建替え」

修繕・改修では「構造安全性」及び「防火・避難安全性」の安全性に関する問題に対応することができない。この場合は、「建替え」と判断

ケース1～4凡例
━━ 実現水準
‥‥ 要求改善水準

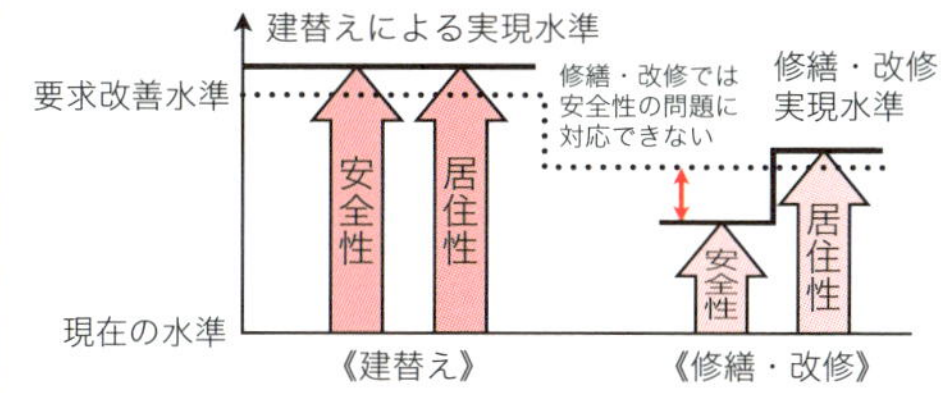

ケース2：修繕・改修では改善ニーズの強い居住性に関する要求改善水準が実現できない場合 ⇒判定：「建替え」

管理組合が改善の対象として、希望する居住性に関する要求改善水準が修繕・改修では実現することができず、その要求改善水準の改善ニーズが強い場合、居住性を実現するために「建替え」と判断

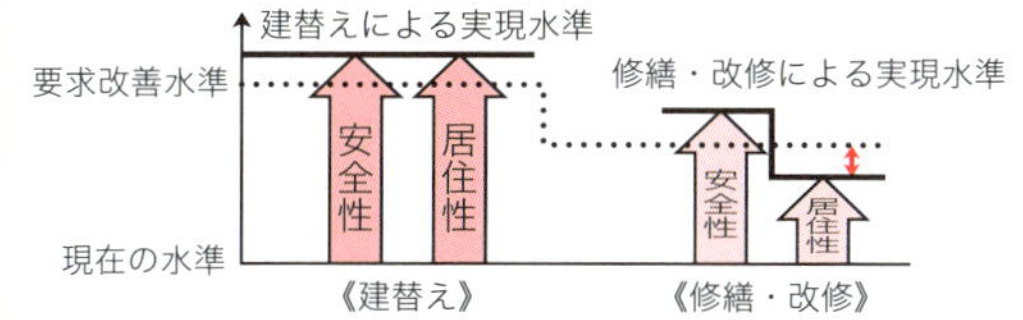

ケース3：建替えの場合に、要求改善水準が実現できない(例えば、住戸面積が小さくなる)場合 ⇒判定：「修繕・改修」

容積率等の既存不適格マンションの場合、建替えでは住戸面積を小さくする等して適法状態にする必要があるため、修繕・改修に比べると、建替えでは居住性が低下する。この場合は、建替えのメリットが小さいため、「修繕・改修」と判断

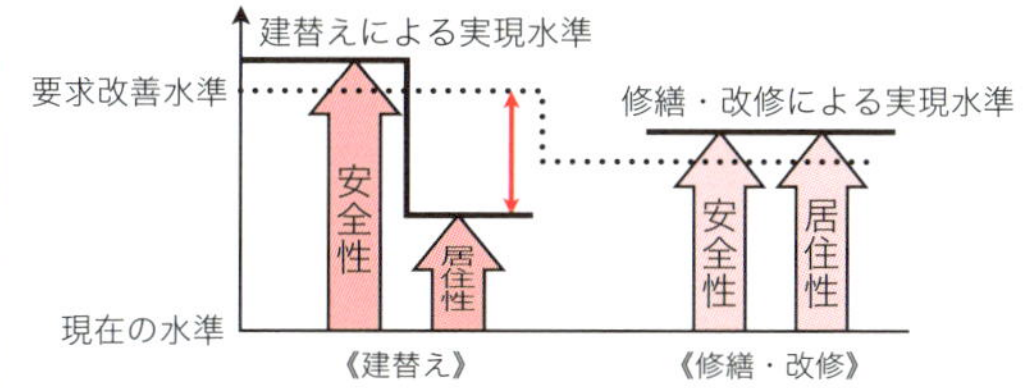

ケース4：建替え、修繕・改修ともに要求改善水準が実現できる場合

目標とする安全性及び居住性に関する要求改善水準が、建替え、修繕・改修のどちらでも実現することができる場合、実現水準の差と所要費用の差を比較して、建替えか修繕・改修かを管理組合で判断

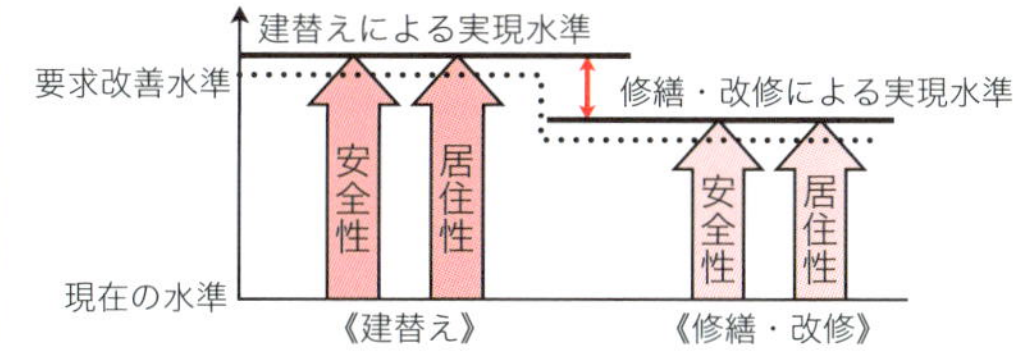

(出典：国土交通省「マンションの建替えか修繕かを判断するためのマニュアル3」p.64～67)

判定結果のグレード（A～C）

グレードA			現状において、構造躯体の劣化や居住性の陳腐化等が生じておらず、問題のないもの
グレードB	安全性		現状において、構造躯体等に一定の劣化が生じているもの
	居住性	B⁺	やや陳腐化しているもの
		B⁻	かなり陳腐化しているもの
グレードC			現状において、構造安全性や防火・避難安全性に問題があるもの

8

「旧耐震基準」「新耐震基準」とは

耐震基準とは、建物が地震の震動に耐え得る能力を定めたもので、大きくみると、建物を建てる際に、その計画が建築基準法令及び建築基準関係規定に適合しているかどうかを工事着工前に審査する「建築確認申請」を受けた日が昭和56年6月1日以前か以降かで分けることができます。この耐震基準は、関東大震災の翌年の大正13年、構造計算において安全率を考慮するよう、世界に先駆けて施行され、昭和46年には、十勝沖地震を受け、鉄筋コンクリート造の配筋強化がなされ、宮城県沖地震を受けて昭和56年に現在の新耐震基準へと改正がなされました。まさに日本の耐震基準は、大地震を受けて調査研究が行われ、より安全な建物を設計するためにできた基準と言えます。旧耐震基準の建物は、中地震に耐えるように設計され、大地震に耐えるチェックがなされていないため、新耐震基準に合わせた耐震診断や耐震改修等の耐震化をして備えることが重要です。この新耐震基準は、地震に対して、建物の強さを次の二段階で計算します。

一次設計：震度4程度以下の中小地震を受けた場合でも、地震後も大きな改修・補修工事をすることなく建物を使い続けられる。

二次設計：震度6強以上の地震レベルでは、建物自体が部分的に壊れてしまうことは許容するが、人命を損う崩壊を起こさない。つまり、中程度の地震では建物は損傷せず、大地震時には建物の変形によって、倒壊せず人命を助けるという考え方です。

南海トラフ巨大地震等の大地震が予測されている今日、在宅避難できる耐震性の高い建物で暮らすことは、お金には換えられない価値がありま す。建替えは耐震化の選択肢の一つでもあるので、旧耐震の建物は、早急に耐震化を検討しましょう。

建築確認を受けたのはいつ？

（※着工時期ではない）

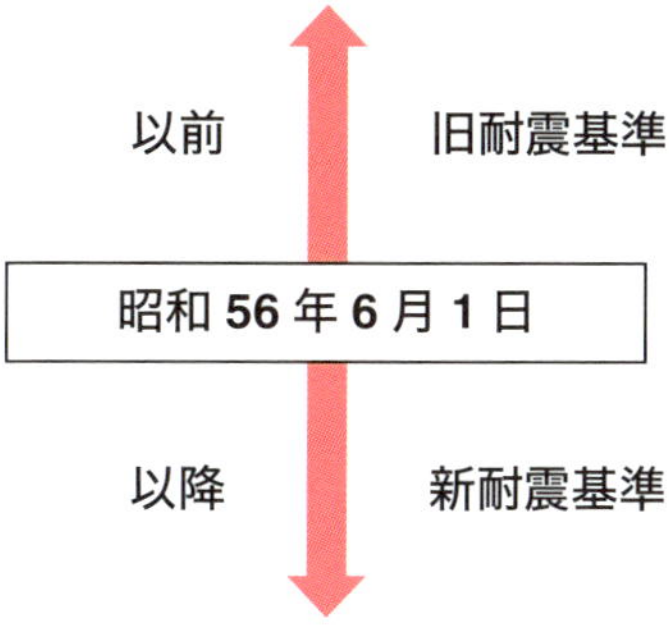

旧耐震の建物

・震度 5 強程度の地震で改修・補修等で使用可能
・震度 6 程度以上の地震の想定がなされていない
・建物全体で地震力を考慮
・建物を固く設計
・限界を超えると折れる

新耐震の建物

・震度 5 強程度の地震で改修・補修しなくても使用可能
・震度 6 以上の地震でも人命に危害がないよう倒壊しない
・高さ方向、平面方向のバランスも考慮
・建物を変形させても倒壊しない設計がされている

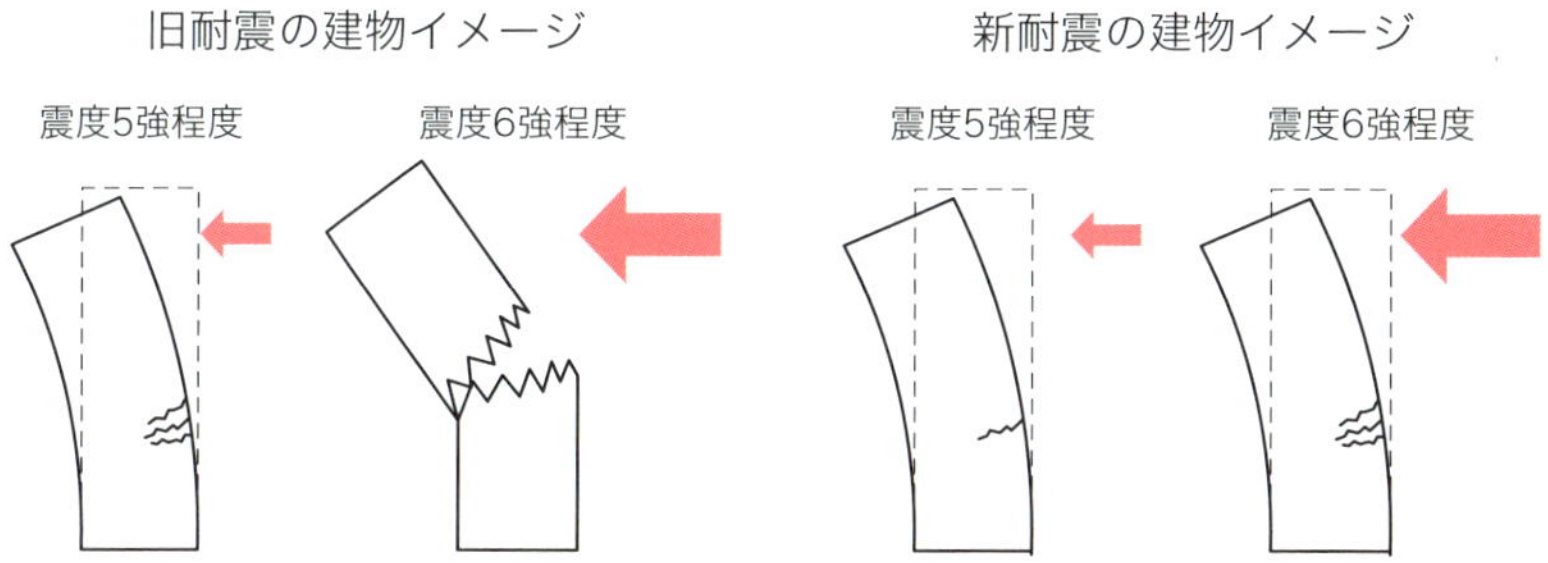

Point マンションの旧耐震基準・新耐震基準は「建築確認」を受けた日で判断する。

Column 1

東日本大震災と管理組合から寄せられる耐震不安

東日本大震災による死者は 1 万5891人、重軽傷者は6152人、警察に届出があった行方不明者は 2579 人であると警視庁が発表（平成 27 年5月現在）。この数値は、戦後、日本で起きた自然災害で最大の死者・行方不明者数で、1都1道18県という広域に及ぶ被害が報告されています。

住宅における被害は、古い木造住宅が中心だったと言われていますが、老朽化したマンションでも、多数の倒壊や中間階の潰れがあり、多くの犠牲者が出ました。これらの影響を受け、全国のマンションにおいても、自身が住むマンションの耐震性について、相談や不安の声が多く寄せられています。

日本のマンションは、約600万戸。このうち、旧耐震基準（昭和56年以前）は106万。この旧耐震基準のマンション全てが耐震性不足ではなく、旧耐震基準のうち、5割～6割程度と言われています。つまり、全国約60万戸のマンションは、震度7や6強の地震で倒壊したり、一部が潰れる恐れがあるとみられています。

また、国の統計によると、これから30年以内に70%の確率で発生する首都直下型地震で、首都圏は18万棟の建物が全壊し、最大で1万1千人が死亡すると推定されています。

新築マンションでは「免震」「制震」構造が増加し、建物の崩壊だけではなく、家具の転倒やガラス破片等の落下による怪我や事故等の抑制がなされています。既存マンションでも、建物・設備の耐震改修工事等の耐震化や備蓄、簡易トイレ等の準備を進める管理組合が増えています。

さらに、近年の地方公共団体では、地震の際、津波や水害、火災等の二次被害の危険性がなく、建物が無事な場合、避難所への避難ではなく、自宅で避難してほしいと呼びかけています。これを在宅避難といい、居住者にとって、住み慣れた場所で生活を継続できることは、身体的にも精神的にも大きなメリットがあると言えるでしょう。備えあれば憂いなし、これを機に管理組合・個々の居住者が行う備えを整備し、準備しましょう。その際、耐震化の選択肢の一つとして、建替えがあることを肝に銘じておくと良いでしょう。

基礎篇

知っておきたい基礎知識

2

マンションの
建替えに関する法律

建替え事業を合意という側面からみると、「区分所有法に基づく方法（総会で区分所有者及び議決権の各 5 分の 4 以上の承認で建替え決議の成立)」と「民法の全員合意の原則」による方法に大きく分けることができます。平成 14 年に「円滑化法」が施行されてからは、総会（集会）での建替え決議までの手続きは区分所有法で、その後は円滑化法で定められています。このようにマンションの建替えには、「民法」「区分所有法」「円滑化法」「建築基準法」「耐震改修促進法」等、様々な法律が関係しています。

第 2 章では、マンションの建替えに関係する様々な法律の他、今回の改正円滑化法で制定された「マンション敷地売却制度」や「容積率の緩和特例」について、詳しく解説しています。さらに、改正円滑化法の目玉である「マンション敷地売却制度」の実例に近い“全員合意による区分所有権解消”での建替え成功事例インタビューも必見です。

1 建物の区分所有等に関する法律

分譲マンションが主な対象

「建物の区分所有等に関する法律」(以下「区分所有法」)は、昭和37年に制定、昭和38年4月1日に施行されました。主として、1棟の建物を区分し、その各部分を所有権の目的とする場合の所有関係とともに、建物及び敷地等の共同管理について定めた法律で、大規模修繕等に関係する共用部分の変更や建替えの要件が定められています。分譲マンションを主な対象とするため、〝マンション法〟と呼ばれることもあります。

「マンション建替え円滑法」との関係

平成14年「マンションの建替えの円滑化に関する法律」(以下「円滑化法」)が施行されてからも、集会(総会)での建替え決議(第62条)までの手続きは、区分所有法で定められています。

区分所有法に基づく建替え決議をするためには集会を開催する必要があり、集会開催の2か月以上前に召集通知(第62条6・7項)を発し、集会開催の1か月以上前に説明会の開催(第62条6・7項)、そして集会を開催(第62条1～3項)するという流れになります。建替えの決議要件は、区分所有者及びその議決権の各5分の4以上の多数の賛成によって、建物を取り壊し、新たに建物を建築する旨が決議されます。建替え反対者及び無回答の区分所有者に対しては、建替えに参加するか否かの催告(第63条1項)を書面で行い、催告を受けた非賛成者は、催告の日から2か月以内に参加するか否かの回答(第63条2・3項)をしなければなりません。参加を回答しない区分所有者には、回答期限から2か月以内に売渡請求(第63条4項)ができます。無回答は「建替えに賛成」しないとの意思表示で、権利を売却して退去しなければなりません。

集会(総会)召集から建物取壊しまで

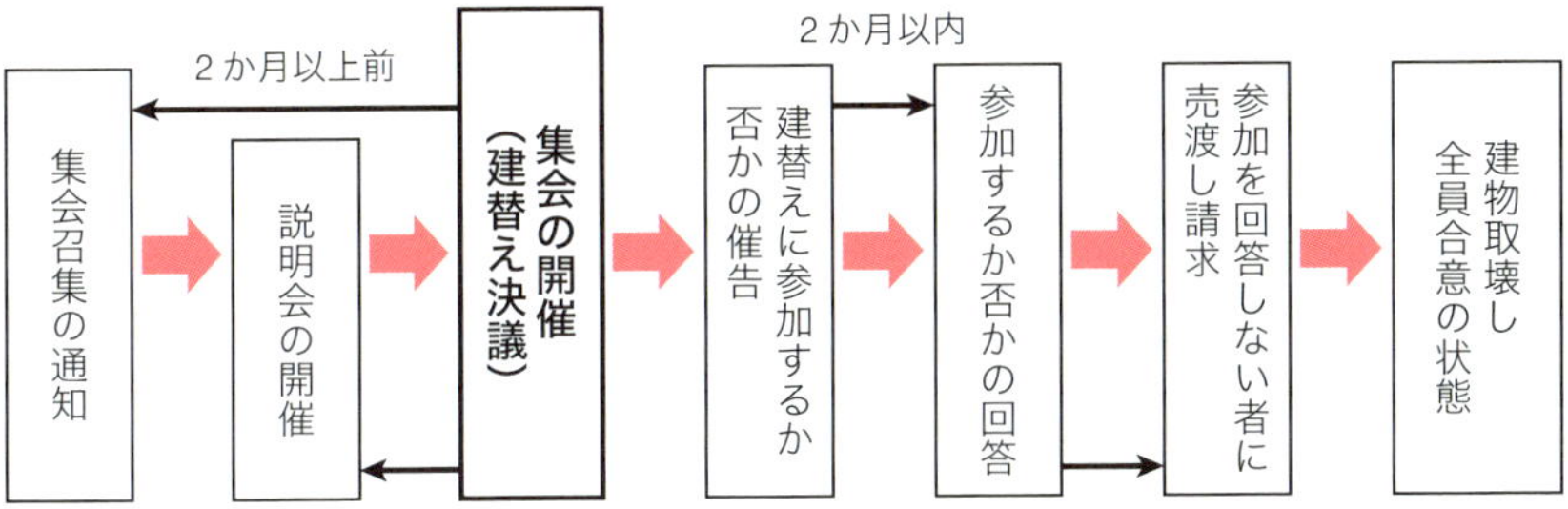
集会召集の通知
2か月以上前
説明会の開催
集会の開催
（建替え決議）
2か月以内
建替えに参加するか否かの催告
参加するか否かの回答
参加を回答しない者に売渡し請求
建物取壊し
全員合意の状態

「全員合意の状態」になって、ようやく具体的に建替えが動きはじめます。

マンションの建替えを「合意の方法」と「建替えの方法」について、法律の面から分類してみると、以下のように分類できます。

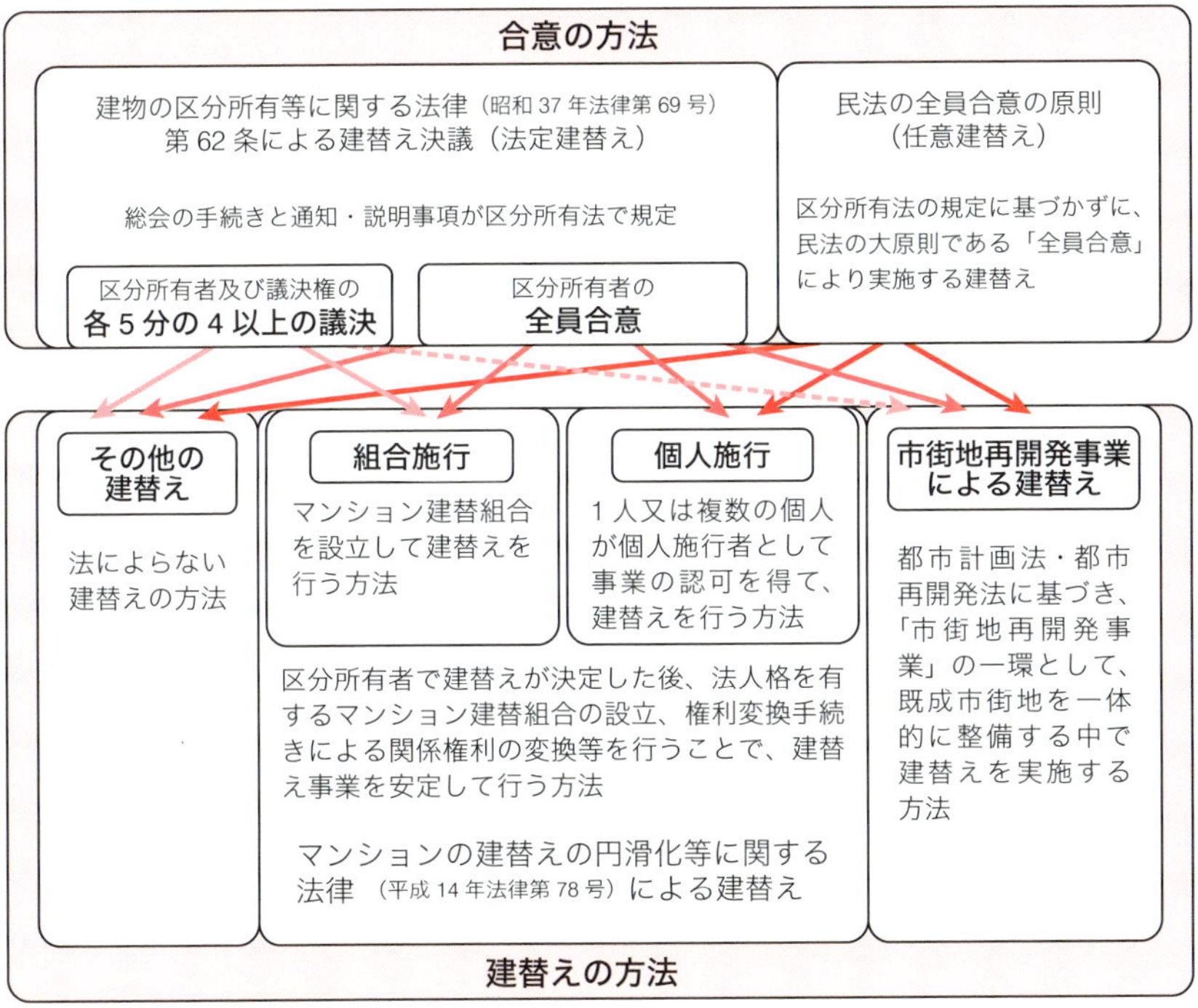
合意の方法
建物の区分所有等に関する法律（昭和37年法律第69号）
第62条による建替え決議（法定建替え）
総会の手続きと通知・説明事項が区分所有法で規定
区分所有者及び議決権の
各5分の4以上の議決
区分所有者の
全員合意
民法の全員合意の原則
（任意建替え）
区分所有法の規定に基づかずに、民法の大原則である「全員合意」により実施する建替え
その他の建替え
法によらない建替えの方法
組合施行
マンション建替組合を設立して建替えを行う方法
個人施行
1人又は複数の個人が個人施行者として事業の認可を得て、建替えを行う方法
区分所有者で建替えが決定した後、法人格を有するマンション建替組合の設立、権利変換手続きによる関係権利の変換等を行うことで、建替え事業を安定して行う方法
マンションの建替えの円滑化等に関する法律（平成14年法律第78号）による建替え
市街地再開発事業による建替え
都市計画法・都市再開発法に基づき、「市街地再開発事業」の一環として、既成市街地を一体的に整備する中で建替えを実施する方法
建替えの方法

法律面から見た建替えの方法（出典：東京都都市整備局「分譲マンション建替えガイド」p.2を一部修整）

2 民法の全員合意の原則とは？

民法と区分所有法による合意の違い

建替えの方法はいくつかありますが、合意という観点からみると、大きく二つに分けることができます。一つは、区分所有法に基づく方法で、もう一つは、民法の全員合意の原則による方法です。

区分所有法では、区分所有者及び議決権の各5分の4以上で建替え決議が成立しますが、実際に今までの建替えの成功事例のほとんどが、民法の大原則である全員合意による決議で行われています。それは、平成14年の改正前は、建替え決議の要件として、区分所有法第62条1項の「建物の価額その他の事情に照らし、建物がその効用を維持または回復するのに過分の費用を要するに至った」に該当すること、つまりマンションに住み続けるために修繕等の過大な費用がかかり、建て替えた方が合理的な場合、区分所有法に基づく各5分の4以上の建替え議決で建替えを進めることができたからです。

しかし、この建替えか修繕かという過分の費用をどう判断するかについて意見が分かれると、議決後でも係争になったこともあります。そのため、修繕や改修よりも建替えの方が合理的であると区分所有者全員の合意が得られる建替えの方が成功する事例が多かったのです。平成14年の区分所有法改正により、費用の過分性の要件が外されたので、現在は区分所有法による合意が増えています。

全員合意による建替え事業

建替組合を設立しない「個人施行」は、区分所有法に基づく方法ですが、全員合意によって建て替えます。個々それぞれが所有権移転や登記を行うので、一人でも反対者がいれば成立しません。この方法は総戸数が比較的少なく権利移行が円滑なマンションほど、メリットが大きいと言えます。

民法と区分所有法の違い

	民法	区分所有法
施行時期	明治 31 年に施行	民法の特別法として昭和 38 年施行
権利の考え方	建物と土地はそれぞれ所有権があり、土地、建物を別々に売買することができる	建物の区分所有権と土地の持分権は一緒でないと売買できない
建替え決議	全員合意（決議は行わなくてよい）	各 4/5 以上の賛成で決議
建替え方法	任意建替え 個人施行　等	円滑化法による建替え

区分所有法に定められた事項については、民法よりも区分所有法が優先
区分所有法に定めのない事項については、民法による

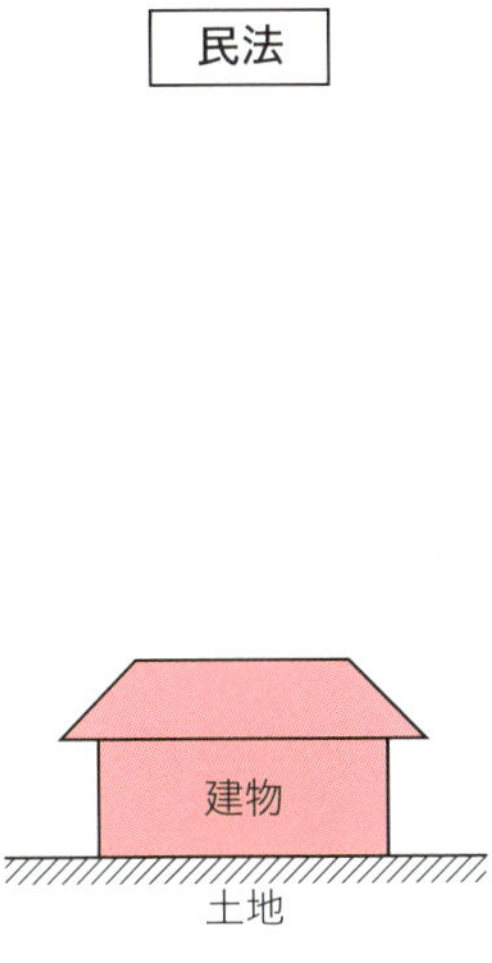

建物と土地は別々に売買できる

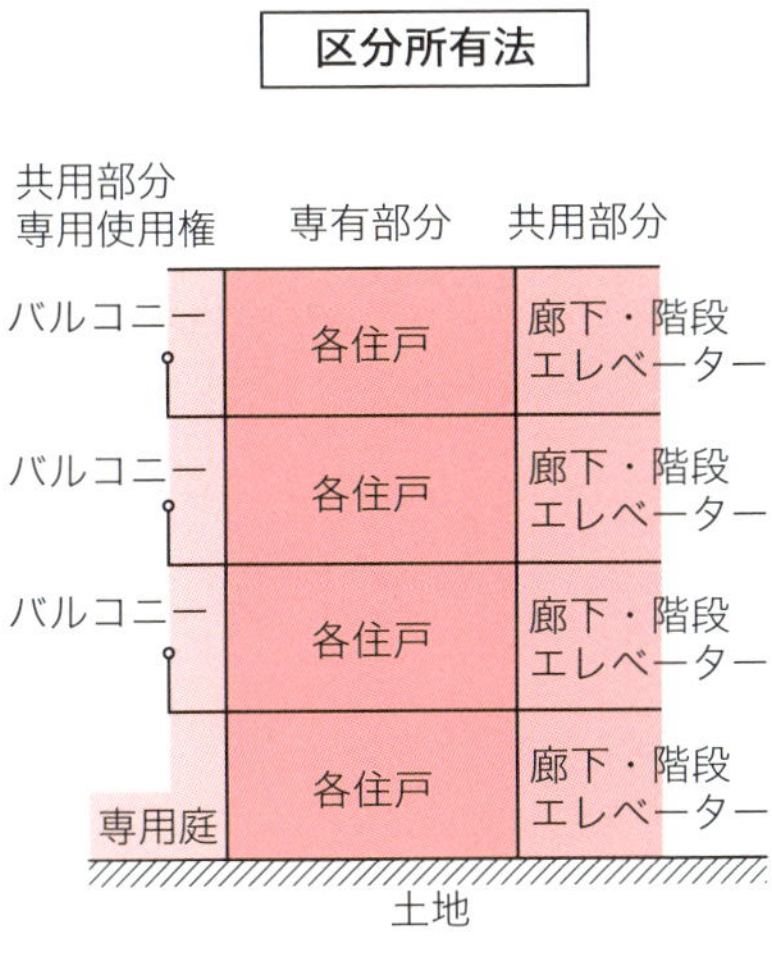

建物と土地は切り離して売買できない

Point 民法の全員合意なら、総会（集会）での建替決議は不要！

3

「マンションの建替えの円滑化等に関する法律」制定の背景

今後急増する老朽化マンション

昭和31年、民間による分譲マンション第一号として「四谷コーポラス」（東京・新宿）が建設され、これを皮切りに、比較的、高所得者を対象とした、都心型マンションの供給が始まりました。その後、昭和37年の区分所有法制定や昭和39年の東京オリンピックが景気刺激と重なり、第一次マンションブーム、その後も数年おきにブームが起こり、昭和40年代からは急速にマンションが増えています。現在と比べると当時の建設技術・維持管理は課題が多く、改修・修繕では対応できない建物も多く存在します。今後、急増する老朽化マンションに対応するため、平成14年6月「円滑化法」が施行されました。

建替えに絡む権利関係を明確化

マンションは、専有部分の個人資産と考えがちですが、都市部においては住宅の大多数を占め、社会的、都市計画的にも影響が大きく、国や行政が関与し早急な法整備が進められています。特に「建替え」には様々な権利関係、法的要素が絡み、円滑化法では、それまで不明確だった建替え事業の実施に関する意思決定の方法や団体運営ルール、権利義務関係が明確化され、都道府県知事の許可を得て法人格をもつ建替組合を設立することが可能になり、組合主体で契約行為を行えるため、事業が取り組みやすくなりました。また、区分所有法ではカバーしきれない建替え時の区分所有権利関係以外の「権利移行」や工事期間中の権利の保全も円滑化法によって確保されることが明文化されました。さらに、建物の解体時は、抵当権の一時抹消が必要ですが、今まで抵当権者（金融機関）の合意が取りにくいという背景から法整備されていなかった抵当権の扱いも明確化されました。

円滑化法制定の背景

○昭和 30 年　日本住宅公団（現都市再生機構）設立
○昭和 31 年　民間分譲マンション第 1 号「四谷コーポラス」竣工

昭和 38 年　区分所有法施行

区分所有法は、民法の特別法として制定。一つの建物を複数の区分に分け、複数の者が所有するという区分所有が法整備される

※分譲マンションが資産価値をもつ時代に

昭和 39 年　東京オリンピック

○昭和 40 年代　住宅金融公庫（現住宅金融支援機構）の制度スタート

マンション購入がしやすくなり、マンション供給も加速

昭和 40 年代
維持管理のノウハウ不足
昭和 30､40 年代の建設技術

→

平成
改修・修繕で対応できない
マンションが増加

平成に入り
築 30 年を越えるマンションが増加
急増する老朽化マンションの建替えの課題を踏まえて

平成 14 年　円滑化法施行

建替え時の「意思決定（合意）の方法」「権利の移行」「組合の法人化」等が法整備される

Point
・建替え中の権利の保全も法的に整備。
・抵当権も抹消せずに、建替え後の建物に移行。

4

円滑化法による建替え方法「法定事業」

権利移行を行う際、円滑化法では売買契約ではなく「権利変換」という形をとることができます。このことで、マンションの除却後も各区分所有者の権利を消滅させず、建替え前の権利は新築後に一括して移せます。例えば、建替え前に住宅ローンの残債があった場合、抵当権も一緒に移行できるので、残債を清算する必要がなく簡便です。

組合施行方式

建替え合意者が、自分達で法人格を持った「マンション建替組合」を設立し、建替えの主体となって事業を進める方式です。円滑化法の趣旨を実現するので、法定事業と言われています。ただし、集会で建替え決議の賛成が必要です。

また、建替えに賛成しない区分所有者には、組合が権利の売渡請求をすることができます。任意事業や個人施行方式とは異なり、賛成しない区分所有者がいても事業を進めることができる方式です。組合は、建替え参加者を確定し「権利変換計画」を決議し、知事の認可を得て実施します。事業は、組合主体で進めるので資金調達等の事業リスクを負いますが、行政審査があるので安心感はあるでしょう。

また、余剰住戸の引き受け、建替え後のマンション業務をデベロッパーに委託（業務代行方式）にすることもできます。

個人施行方式

全員合意の下で区分所有者個人、または、区分所有者の同意を得たデベロッパーに事業を任せる（個人施行者として認可を得て進める）方式です。全員合意のため、建替え決議は要さず、デベロッパー等に任せる場合、円滑化法の「権利変換」のメリットと、事業を代行してもらえるという等価交換事業のメリット、両方の良さがある方式と言えます。

円滑化法

法定事業　知事の許可を得て、法律のもと事業を行う

- 権利変換の方法
  - ・従前は売買契約により権利を移行
  - ・売買によらない権利の移行が可能

■組合施行方式

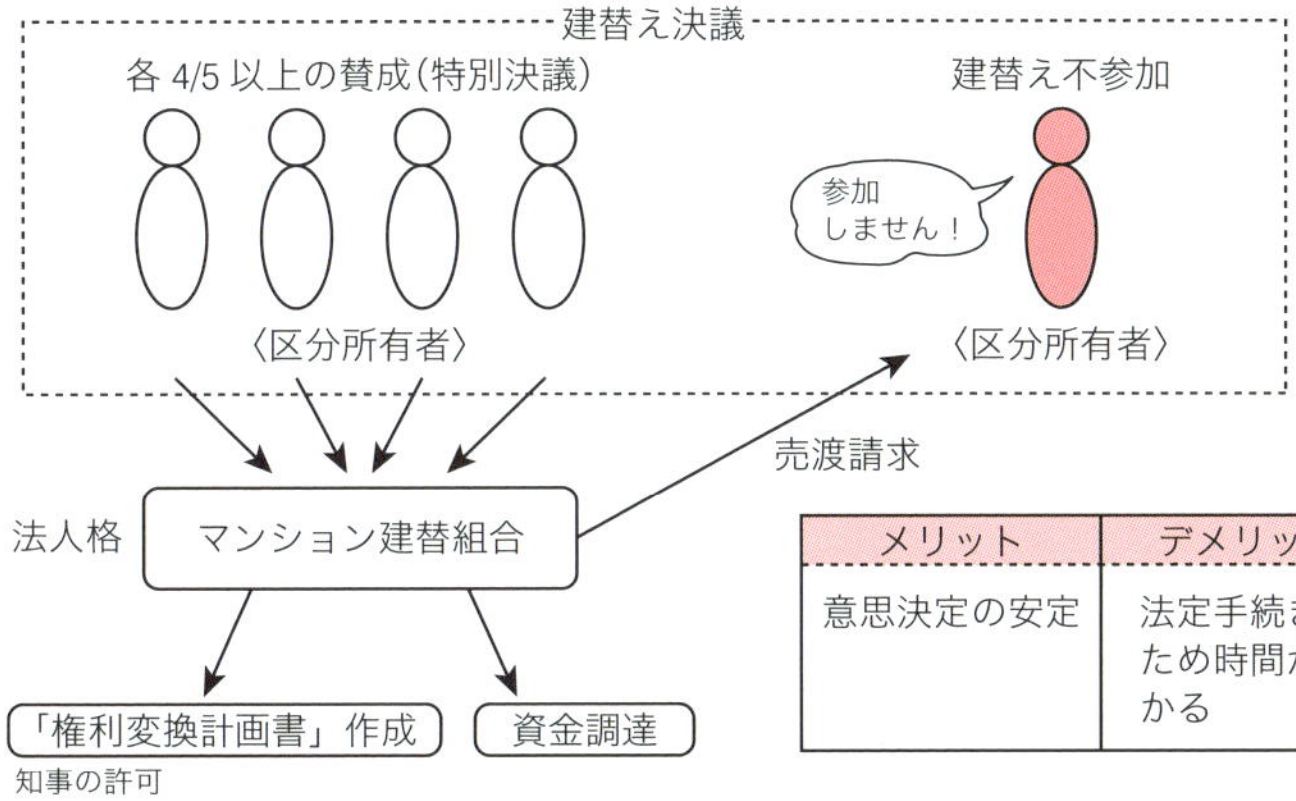

メリット	デメリット
意思決定の安定	法定手続きのため時間がかかる

※デベロッパー等の民間事業者が、参加組合員として参加可能

■個人施行方式

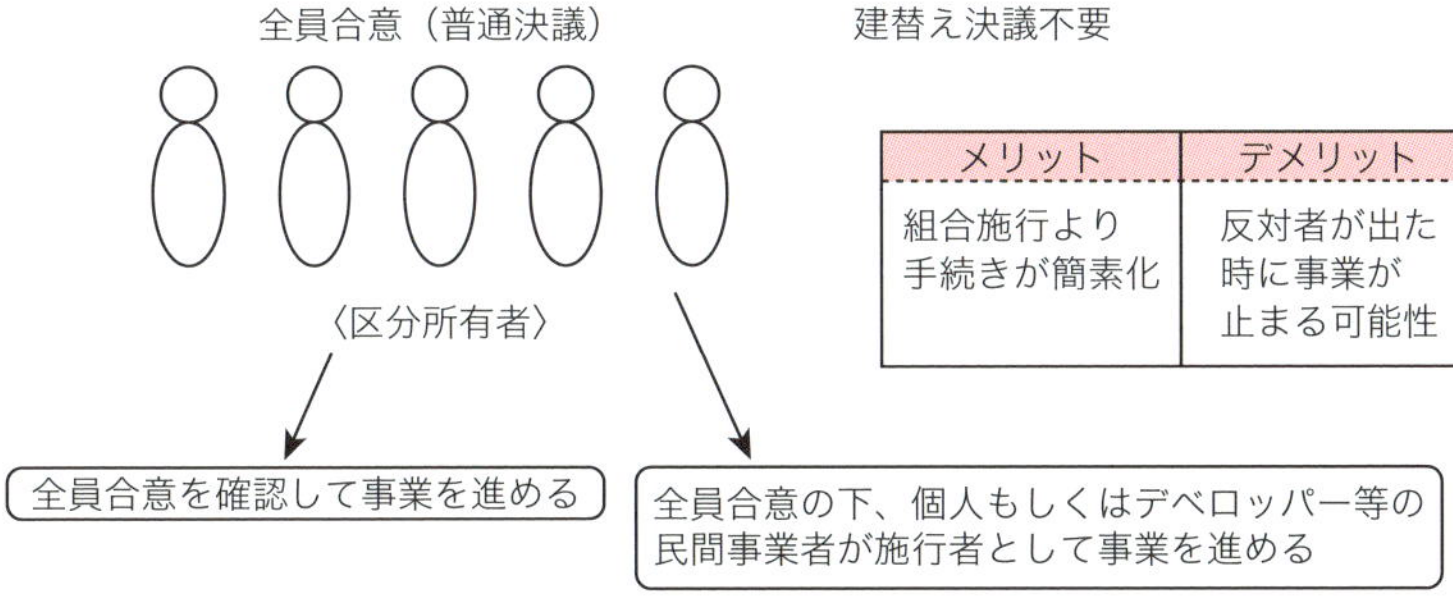

メリット	デメリット
組合施行より手続きが簡素化	反対者が出た時に事業が止まる可能性

Point 住宅ローンの残債を清算しないで、抵当権をそのまま建替え後のマンションに移行できる！

5

改正円滑化法の成立

なかなか進まなかった建替え

全国のマンションのストックは、国土交通省の推計で平成26年末現在で約613万戸、このうち築30年超である旧耐震基準のマンション戸数は106万戸、築40年以上経過では51万戸、平成32年には173万戸になると推定されていますが、建替え件数は累計で196件、約1万5500戸（平成26年4月時点）となかなか進んでいないのが現状です。それは、平成14年の円滑化法の制定によって生まれた、「建替えは簡単にできる」との思いこみや、手持ちの資金や住宅ローンの残債等の資金問題が原因の一つとなっています。また、高齢者の場合、仮住居の不安や新たに住宅ローンが組めない等の問題もあります。今までの建替えは、区分所有者に多額の金銭負担がかからない事例が多く、区分所有者に金銭負担をかけないためには、床面積を増やし、売却利益を建設費に充てることが有効です。しかし既存不適格等の容積率の制限で建設後に容積率制限が強化された地域では、建て替えると面積が減少するので、これも建替えが進まない理由の一つです。

改正円滑化法の成立

南海トラフ巨大地震、首都直下型地震等の巨大地震の発生が予想される中、特に既存マンションの耐震改修や建替えによる耐震化は緊急課題です。これらに対応するため、今回の改正では、「耐震性不足の認定」（特定行政庁が認定）を条件に、「容積率の緩和特例」と「マンション敷地売却制度」が制定されました。つまり、容積緩和で床面積と住戸数を増やし、その売却益を建設費に回せます。また、敷地を買受人（デベロッパー等）に売却することで、建替組合ではなく、買受人であるプロが中心となって、建物の除却から建設までの事業を進めることができます。

改正の背景

○平成 14 年　円滑化法の施行

しかし、現状は……

国土交通省推計

マンションストック　平成 26 年末	約 613 万戸
築 30 年超（旧耐震基準マンション）	約 106 万戸
築 40 年以上超	約 51 万戸

↓ このうち

建替え事例　累計	196 件　約 1 万 5500 戸

※建替え成功事例は、区分所有者の負担が少ないケースが多い

問題点

- 手持ちの資金がない
- 住宅ローンの残債
- 高齢者の場合、住宅ローンが組めない
- 仮住居への不安
- 既存不適格のため、建替え後の面積が減少　等

南海トラフ巨大地震、首都直下型地震が発生したら……

○平成 25 年　マンション建替え円滑化法の改正

改正円滑化法の「2 本柱」

耐震性が不足しているマンションの建替えを促進するためには

特定行政庁 → 耐震性不足　認定

↓

容積率の緩和特例　マンション敷地売却制度

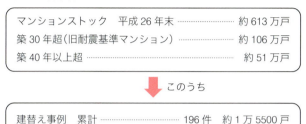

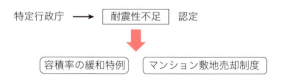

6 マンション敷地売却制度の制定

耐震性不足の建物に適用

耐震性不足の認定を受けた建物は、マンション敷地売却制度により、敷地を買受人（デベロッパー等）に売却でき、区分所有者だけでは難しい建替え事業をデベロッパー等が中心に進めることで、負担軽減や時間の効率化を図ることができます。一連の流れは、耐震性の認定➡マンション敷地売却決議➡敷地売却組合が権利を集約➡買受人に建物と敷地を一括売却➡買受人が建物の除却から新たな建設までを請け負います。

敷地売却までの流れ

耐震性不足の認定後、組合はマンション及び敷地売却の決議を行います。決議に関わるマンションの買受人は、決議前に買受計画の認定を受けます。この認定は、都道府県知事が買受等の内容を審査して認定します。この買受認定後にマンション敷地売却決議が行え、売却の相手方、売却代金、分配金の算定方法等について、区分所有者及びその議決権の各5分の4以上の賛成で決議します。次に売却合意者の各4分の3以上の同意を受け、都道府県知事の認可を受けて、マンション敷地売却組合を設立します。区分所有者は、分配金を取得し（担保権付の区分所有権に関わる分配金は、供託の形を取り、担保権利者が優先的に権利を保持することができる）反対者に対しては、組合が時価で売り渡すことを請求できます。また借家権者に対しては、補償金を支払います。このように、組合に権利を集約し、買受人にマンションと敷地を売却します。なお、買受計画の認定は買受人が申請し、敷地売却組合の設立認可は、売却側である区分所有者が申請します。今回の改正は、耐震性不足と認定を受けた建物に有利です。一度、耐震性不足の認定がされてしまうと取消しできない点に注意が必要です。

マンション敷地売却制度

（※平成 26 年 12 月の法改正で制定）

特定行政庁 → 耐震性不足 認定

↓

マンション敷地売却制度が適用可能

従前の敷地売却との違い

	従前	法改正後
売却決議	全員合意	各 4/5 以上の賛成で決議
買受側の条件等	売却後の決まりはなし	買受、除却、代替住居の提供、あっせんの内容を都道府県知事が審査、認定

マンション敷地売却組合の認可を受ける ← 認可 都道府県知事

買受人は買受計画の認定を受ける ← 認定 都道府県知事

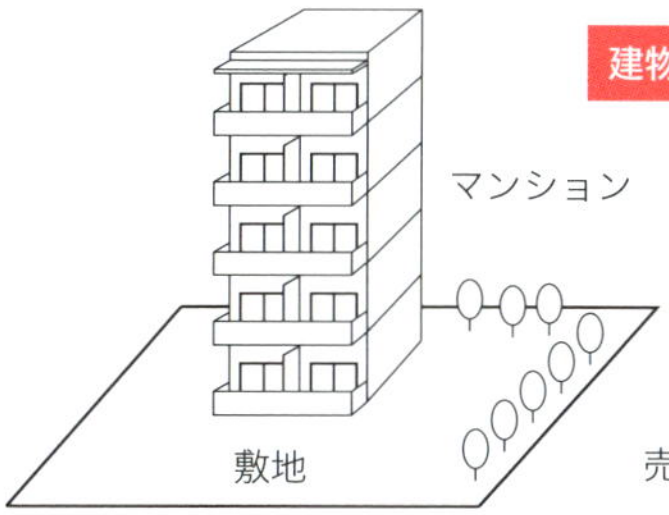

建物・敷地を丸ごと売却

→

- 事業者の建て替えたマンションを購入
- 賃貸住宅に転居
- 他の不動産を取得

売却後の選択は自由

Point 都道府県知事が買受計画を審査認定することで、区分所有者の住居確保の確実性がある。

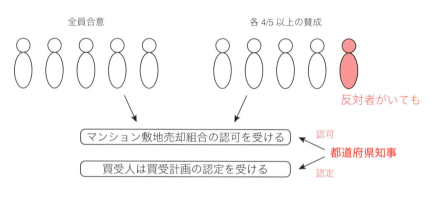

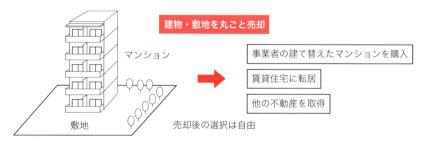

7 容積率の緩和特例

総合設計制度よりも有利？

今回の改正では、耐震性に問題のある建物（条文上では「除却の必要のあるマンション」）について、早急な建替えが促進されるよう容積率の緩和特例が制定されました。現行の総合設計制度では、一定の敷地面積（５００㎡以上）、一定以上の空地（敷地面積から建築面積を引いた残り20％）、公開空地（敷地の10％）の整備等、市街地環境の整備改善効果を評価して容積の緩和が認められています。しかし現実には、敷地に余裕がなく、公開空地を確保できないマンションが多いので、平成25年４月までに建替えが完了した１８３件中、総合設計制度の活用はわずか10事例にとどまっています。

容積率緩和特例の概要

この問題を解決するため、今回の法改正では、耐震性に問題のある建物を除去するという公益的な目的から、地域の防災性や景観等の貢献を評価した上で、特定行政庁が個別に判断し許可されます。具体的には備蓄倉庫の整備や避難所として活用できる集会室の整備、緑化等によって、容積率を割り増しします。

ただし、適用される条件として総合設計制度では敷地５００㎡以上とされていますが、円滑化法で用途地域ごとに最低敷地面積が定められています。例えば、第１種・第２種低層住居専用地域については１千㎡以上、その他住居系地域と工業系地域については５００㎡以上、商業系地域は３００㎡以上が適用されます。もともと低層住居専用地域は容積率が低く、マンション敷地が大きな傾向があるため、現実的な数値と言えます。このように、改正円滑化法の２本柱は、耐震性に問題があり、かつ老朽化で建替えが進まないマンションにとっては、一つの突破口となるでしょう。

容積率緩和　総合設計制度と改正円滑化法の違い

（※平成 26 年 12 月の法改正で制定）

特定行政庁 ⟶ 耐震性不足 認定

↓

容積率の緩和措置

総合設計制度との違い

	総合設計	改正円滑化法
敷地条件	500m² 以上	用途地域別 第 1、2 種低層住居…… 1000m² 以上 その他住居、工業系……500m² 以上 商業地域…………………300m² 以上
制限緩和	容積緩和、斜線緩和、絶対高さ	容積緩和

※商業地域、駅周辺等は敷地の小さいマンションも多いため、敷地条件 300m² という枠ができたことで、該当するマンションが増えると予想されます。

地域への貢献が重要

・耐震性に問題がある建物を除去する
・備蓄倉庫の整備
・避難所として活用できる集会室の整備
・景観の向上
・緑化　等

ただし、具体的内容は特定行政庁が個別に判断し許可するため、どの程度の割増が受けられるかは協議を進めないとわかりません。

Point　条件によっては、総合設計制度の方が有利になることも！

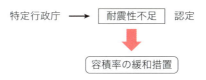

8 円滑化法によらない建替え方法「任意事業」

等価交換方式

34頁の法定事業に対し、任意事業は、円滑化法の手続き等を行わずに事業を進める方法です。

代表的な方法に等価交換方式（82頁参照）があります。

円滑化法施行前に行われた任意事業では、等価交換方式で行われた事例がほとんどです。

等価交換方式は、事業協力者との信頼関係の上に成り立ち、法的な決まりがないため、事業協力者との契約に基づいて進められます。全員合意であれば、法的な手続きがない分、事業期間の短縮が可能です。一方で、建替えの合意が全員合意でなかった場合、中には建替え決議の有効性について裁判で争われたケースもあり、時間がかかることも少なくありません。また、事業協力者（デベロッパー等）が事業リスクを負担するので、信頼できる企業である限り、区分所有者等のリスク負担は少ないと言えます。その反面、事業協力者（デベロッパー等）の利益が見込めない場合は事業として成立しません。

自主建替え方式

等価交換方式の他の任意事業として、自主建替えという方式があります。

これは、区分所有者が土地を所有したまま、建替えに必要な資金を自ら調達し、自らが建設会社に工事を発注する方法です。事業協力者（デベロッパー等）に払う利益がない点ではメリットがある事業ですが、事業を自ら進めていく知識と労力が必要です。さらに、建設会社の倒産や余剰床分の販売等、事業のリスクも大きいことから適用されるケースは少ないのが現状と言えます。

円滑化法による建替えと比較して、よりメリットが大きい方法を、詳細に検証することが重要です。

任意事業

（※法制度によらない建替え）

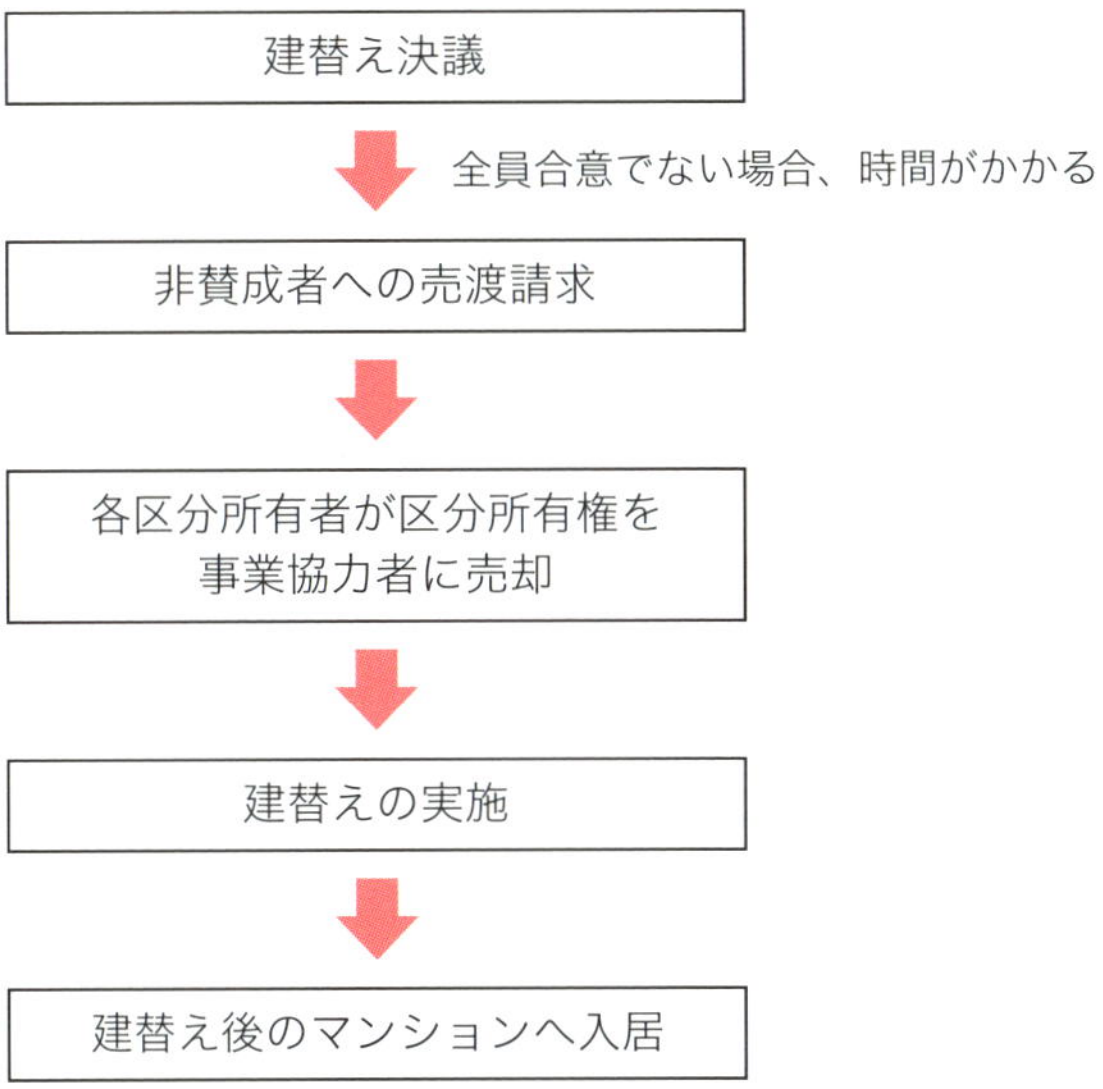

等価交換方式

83 頁参照

自主建替え方式

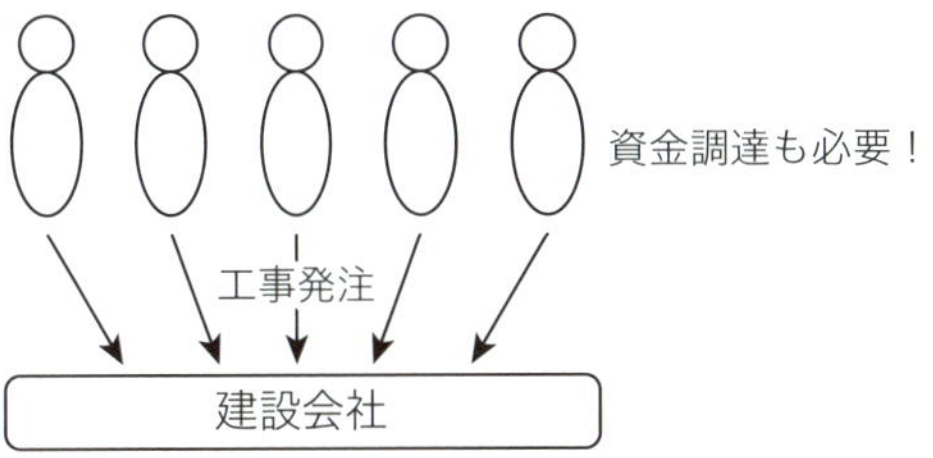

Point

・事業の運営、資金調達すべてを区分所有者が行う。負担が大きく難易度は高いが、小規模、区分所有者が少人数であれば可能性はある。
・事業協力者が入らない分、区分所有者の利益性は高まる。

9

市街地再開発事業とは？

まちづくりのための共同建替え事業

都市再開発法に基づき、市街地内にある老朽化した木造建物が密集する地区等や細分化された敷地の統合、不燃化された共同建築物の建築、公園、広場、街路等の公共施設の整備等を行うことです。それにより、都市における土地の合理的かつ健全な高度利用と都市機能の更新、さらに安全かつ快適なまちづくりを目指すために行う、共同建替え事業を言います。そのため、マンションだけの建替え事業とは違い、区分所有者の他に、区域内の個人・法人・行政等、多数の調整が必要です。

また、再開発組合の認可や都市計画決定の行政手続き等、事業は煩雑かつ長期化するので、知識や経験がある専門家（再開発プランナー等）の協力が必要不可欠な事業と言えます。

市街地再開発事業のメリット

一方で、一つの街区をトータルした計画ができるので、コミュニティ形成等も考慮したまちづくりが可能です。また、都市計画事業としての強制力や調査・設計・計画、土地整備、共同施設整備等に関する事業費の補助等のメリットもあります。例えば、第一種市街地再開発事業〈権利変換方式〉の場合、従前権利者の権利は、原則、等価で新しい再開発ビルの床（＝権利床）に置き換えられ、国や地方公共団体からの助成金、高度利用によって新たに生み出された床（＝保留床）を処分（売却・賃貸等）することによって事業費を捻出することができます。さらに、事業施行に伴う土地等の資産の譲渡、権利の変換、保留床の取得等については、所得税、法人税、固定資産税等の課税の特例も設けられています。

建替えの検討時には、マンション所在地が、市街地再開発事業に該当するかどうかを確認してから検討すると良いでしょう。

市街地再開発事業

- 計画案は市区町村または都道府県が提案
- 説明会、公聴会等で、利害関係者、市民の意見を聞き、計画に反映させる

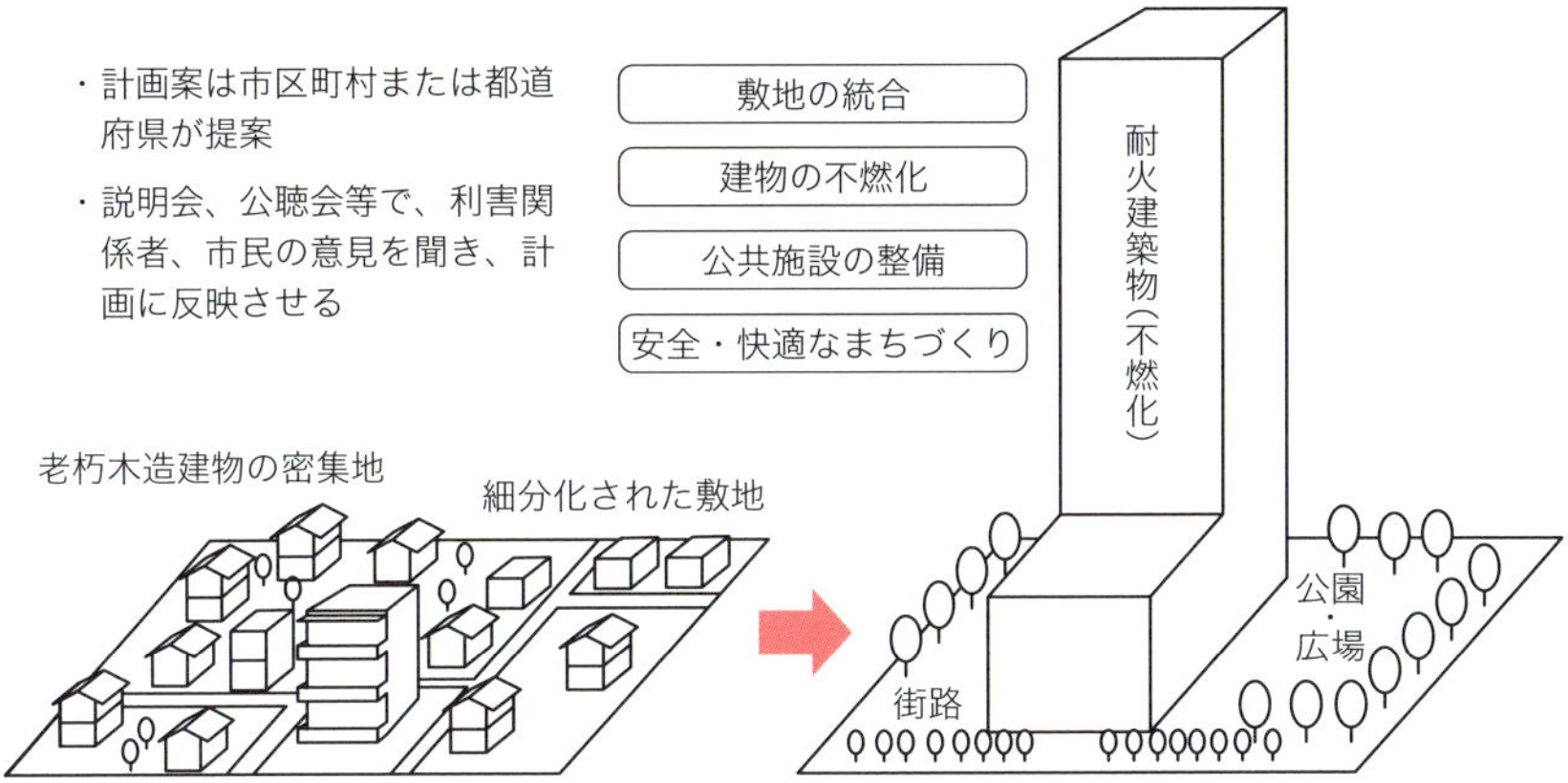

第1種市街地再開発事業 ……… 権利は新しい建物に等価で変換される
第2種市街地再開発事業 ……… 一旦施工者が区域内の土地建物を買収

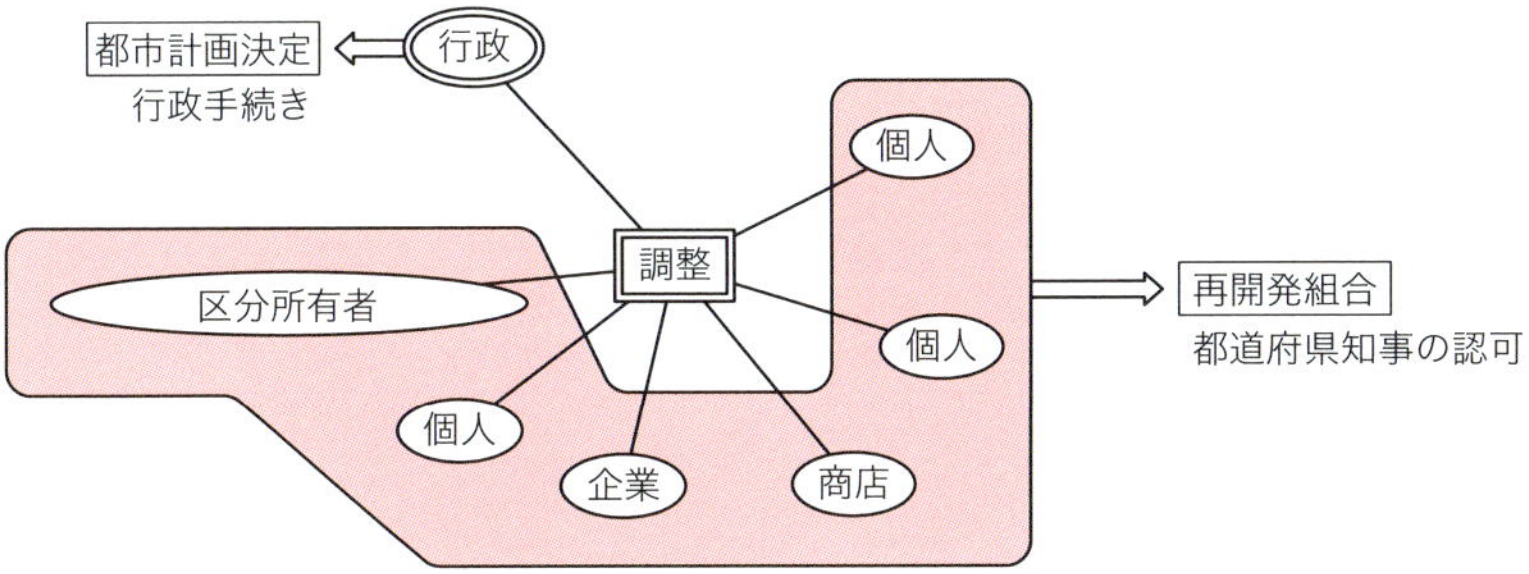

- 事業は煩雑かつ長期化
- 専門家（再開発プランナー等）の協力が必要不可欠

交付金　社会資本整備総合交付金
交付対象項目　①調査設計計画　②土地整備　③共同施設整備　等

課税の特例
固定資産税　：5年間　居住用住宅　2/3減額
不動産取得税：土地を取得した従前権利者（課税標準1/5控除）

10

建築物の耐震改修の促進に関する法律

震災を受けて成立・改正

阪神・淡路大震災の影響を受け、平成7年、建築物の耐震改修の促進に関する法律（以下「耐震改修促進法」）が施行されました。不特定多数が利用する建物への指導、助言、指示や、緊急輸送道路（都道府県または市区町村が道路指定）等の避難路沿道建築物の耐震診断の義務、耐震改修計画の認定制度等が創設されました。その後、新潟県中越沖地震の影響を受け、耐震化率の目標導入や行政の指示に従わない場合の公表等の改正が行われ、平成25年の法改正では、耐震診断の義務化及び耐震診断結果の公表が制定されました。

耐震化促進のための規定

この緊急輸送道路とは、震災時に避難や救急・消火活動、緊急物資輸送の大動脈となる幹線道路を言います。今後、予想される南海トラフの巨大地震や首都直下型地震に備え、被害を最小化し早期復旧を図るため、緊急輸送道路沿道において建物倒壊で道路の過半を閉塞する恐れのある建築物の耐震化を進めています。

建物の用途は関係ないので、マンションの前面道路が避難路に該当すれば、必ず耐震診断を実施し、必要に応じて耐震改修を行う努力義務が課せられています。

また、耐震性が不足していると特定行政庁に認定された建物については、区分所有者及び議決権総数の過半数決議により、建物の共用部分の大規模な耐震改修を行うことが可能です。本来、共用部分の変更は、総会での各4分の3以上の特別決議が必要ですが、耐震は人命に関わるため、特例として過半数決議で耐震改修できます。さらに、新たな耐震改修工法が、現行の容積率、建ぺい率に影響しないよう特例措置も創設され、安全性が確保された計画ができるようになりました。

耐震改修促進法

（平成7年施行　平成25年改正）

マンションに適用されるのは？

指導・助言対象（全ての既存耐震不適格建築物）

○ 住宅や小規模建築物等　※平成25年改正による

指示・公表対象

○都道府県または市区町村が指定する避難路沿道建築物　※平成25年改正による

耐震診断の義務化・結果の公表

・要安全確認計画記載建築物（耐震改修促進計画に位置付け）

○都道府県または市区町村が指定する緊急輸送道路等の避難路沿道建築物

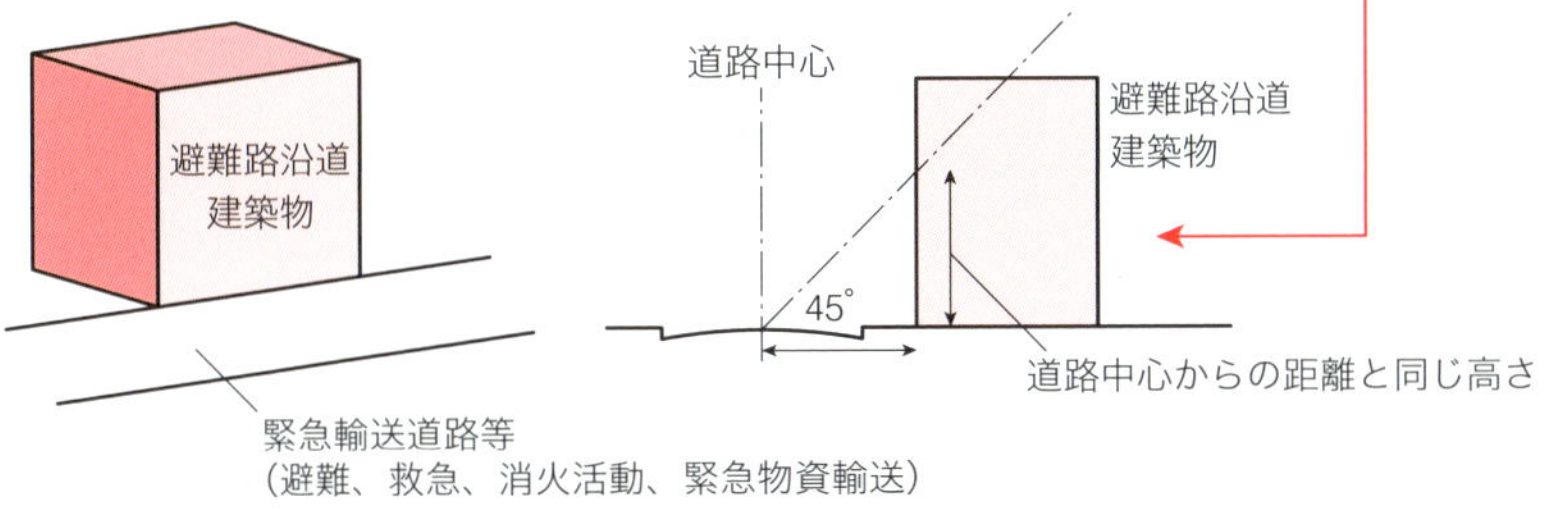

・倒壊した場合において、前面道路の過半を閉塞する恐れのある建築物（高さ6m以上）
・ただし、地方公共団体が状況に応じて別の規則で定める

建築物の耐震化の円滑な促進のための措置

●耐震改修計画の認定基準の緩和及び容積率・建ぺい率の特例

○新たな耐震改修工法も認定可能になるよう、耐震改修計画の認定制度について対象工事の拡大及び容積率、建ぺい率の特例措置の創設

●区分所有建築物の耐震改修の必要性に係る認定

○耐震改修の必要性の認定を受けた区分所有建築物（マンション等）について、大規模な耐震改修を行おうとする場合の決議要件を緩和

区分所有法の特例：各3/4（特別決議）→過半数（普通決議）

●耐震性に係る表示制度の創設

（出典：国土交通省「建築物の耐震改修の促進に関する法律等の改正概要（平成25年11月施行）」抜粋）

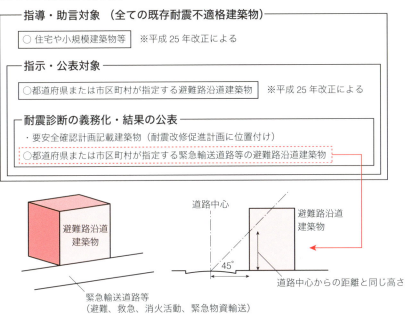

11 耐震診断・耐震改修の支援策

費用計上は計画的に

耐震診断及び耐震改修を実施しようにも、長期修繕計画及び修繕積立金会計等に計上されていない管理組合も多く存在します。特に耐震改修は、工法や程度によって多額の費用がかかるので、計画的に費用計上を行いましょう。中には、平成25年度から3年間の期限付の補助金や助成金等を利用することで、ほぼ実費負担なく耐震診断ができるケースもあります。また、税制についても特例措置が講じられています。

各種の支援策

例えば、固定資産税は、耐震診断が義務付けられた建築物において、診断結果を報告し、平成26年4月1日から平成29年3月31日までの間に補助金を受け耐震改修工事を行った場合には、完了の翌年度から2年間50％相当が減額されます。通常の住宅（120㎡相当部分）でも1年間50％相当に減額され（平成27年12月まで）、避難路沿道にある住宅では、2年間50％相当に減額されます。また、所得税に関しては、耐震改修工事に係る標準的な工事費用相当額の10％相当額（上限25万円）を控除できます。さらに、住宅金融支援機構による融資制度も活用できます。管理組合向け融資は、限度額500万円／戸（共用部分の工事費の80％が上限）で、金利は原則、償還期間の10年以内で1・11％（平成26年5月現在）。個人向け融資は、限度額1千万円（住宅部分の工事費の80％が上限）で、金利は償還期間10年以内で1・38％、11年以上20年以内で1・48％（平成26年5月現在）。このように、耐震化に関する補助金や助成金、融資制度は複数あり、時期や地域によって違いがあるので、耐震化について検討をする際には、必ずマンション所在地の行政窓口等に問い合わせし、有効に活用しましょう。

耐震に係る支援制度

○耐震対策緊急促進事業（平成 25 ～ 27 年度）

避難路沿道建築物 ← 耐震診断の義務付け

（※義務付けに対しては、補助制度がある！）

耐震診断等に係る負担軽減のため
緊急的・重点的な補助制度（耐震対策緊急促進事業）

避難路沿道建築物（マンションで該当する場合）	耐震診断・補強設計	耐震改修
	最大で 100% 国：50%　地方公共団体：50%	最大で 80% 国：40%　地方公共団体：40%

○住宅・建築物安全ストック形成事業（住宅・建築物耐震改修事業）

地震に対し安全であるための措置 ← 特定行政庁、地方公共団体の指導
地震に対し危険である ← 特定行政庁、地方公共団体の判断

※マンションのうち、耐震に対し措置を行うよう「勧告」を受けたにもかかわらず、対応せずに耐震改修の「命令」が出た建物については、補助制度は適用されません。

耐震改修（建替えを含む）
最大で 23% 国：11.5%　地方公共団体：11.5%

国と地方公共団体で 30 万 9000 円 / 戸を加算（平成 27 年度末までの時限措置）

耐震対策緊急促進事業、住宅・建築物安全ストック形成事業

どちらも
国の補助
地方公共団体の補助
地方公共団体が窓口

補助率については、地方公共団体が定める
（各地方公共団体の予算等によるため、必ず確認！）

○税制、融資の優遇

税制優遇	固定資産税	耐震診断義務	耐震診断結果報告→ 平成26年4月1日～平成29年3月31日の間補助金で耐震改修 完了の翌年から 2 年間　50%相当減額	
		避難路沿道住宅	2 年間　50%相当減額	
	所得税	耐震改修工事費（標準的）相当額の 10%（上限 25 万円）を控除		
融資優遇	管理組合向け	融資限度額 500 万 / 戸 共用部分の工事費の 80%上限	償還期間 10 年以内 1.11%（平成 26 年 5 月 1 日現在）	
	個人向け	融資限度額 1000 万 住宅部分の工事費の 80%上限	償還期間 10 年以内 1.48%（平成 26 年 5 月 1 日現在）	

● 耐震診断・改修の相談窓口一覧
一般財団法人日本建築防災協会「耐震支援ポータルサイト」参照

12 建築基準法における容積緩和

総合設計制度

500㎡以上の敷地で敷地内に一定割合以上の空地を有する建築物について、計画を総合的に判断して、敷地内に歩行者が自由に通行または利用できる空地（公開空地）を設ける等により、市街地の環境整備の改善に資すると認められる場合に、特定行政庁の許可により、容積率制限や斜線制限、絶対高さ制限が緩和されることを言います。

今まで、容積の緩和については、この総合設計制度が多く採用されてきました。今回の改正で具体的にどの程度、容積が緩和されるかは個々の特定行政庁の判断になることや、まだ実例がないため、読めないところがあります。しかし、そもそも、〝耐震性不足の認定〟を受けたマンションに限られるので、耐震性不足の認定が出ない場合は、従来どおり、総合設計制度の活用で、容積の割増しが得られることがあります。

エレベーターシャフトの容積緩和

平成26年7月1日に、既存ストックを有効活用する名目で改正された緩和措置です。今まで、エレベーター内のカゴは一つにも関わらず、シャフト面積は階数分の容積を対象として加算されていました。

例えば、10階建てで9人乗りのエレベーターがあるマンションだとすると、シャフト平面の大きさは、約1・75×2・4で、それが10層で1・75×2・4×10＝42㎡になります。これは1LDKの1戸程度の面積に該当し、もしエレベーターが2基あれば、この2倍になり、建替え時においては、2戸分の売却益に相当します。今回の改正では、建物用途に関わらず、全ての階でエレベーターシャフトの面積は、容積を計算する際に不算入で良いことになりました。これを機に、エレベーターの乗車人数や台数等を把握しておきましょう。

総合設計制度

改正円滑化法

耐震性不足の認定

↓

容積の緩和

総合設計制度

耐震性に関わらず

↓

容積・斜線・絶対高さの緩和

建物、敷地環境により
特定行政庁が許可

注意
特定行政庁が個々に判断するため、容積緩和がどの程度になるか読めない

エレベーターシャフトの容積緩和

改正前

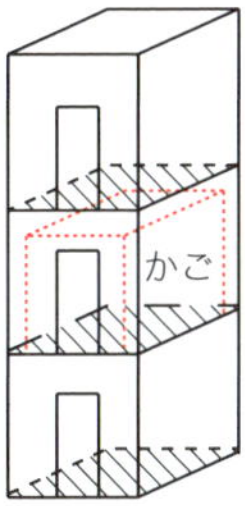

全ての階でエレベーターシャフトの面積を容積として算入

改正後

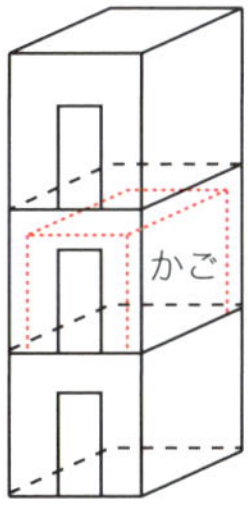

全ての階でエレベーターシャフトの面積を容積として不算入

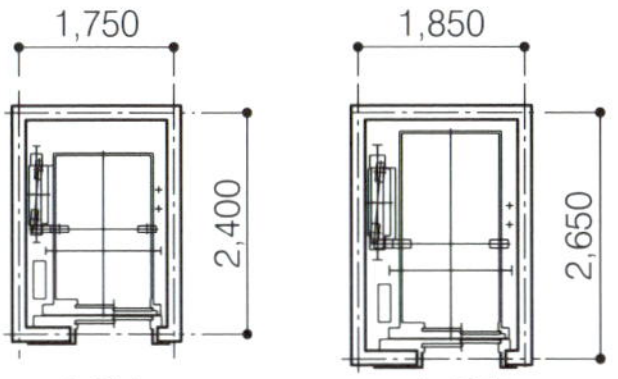

9人乗り　13人乗り

エレベーターシャフト平面

例えば、10階建てなら……

9人乗り　1.75×2.4×10階＝42m²

13人乗り　1.85×2.65×10階＝49.025m²

↓

住戸1戸分に相当

Point

・建替えなら、売却益に！

・改修増築なら、容積に余裕がなくても可能に！

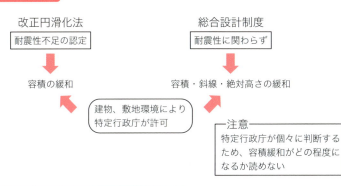

interview ▷建替え 経験者に聞く

アトラス千里山星ヶ丘

公団星八号元理事長　磯部博 氏

「アトラス千里山星ヶ丘」は、大阪府吹田市にある、日本住宅公団（現都市再生機構）により1956年に竣工された千里山団地内にある1棟15戸のマンションを、建替えにより各住戸面積を広げ、20戸に増やしたマンションです。

――建替えを検討したきっかけを教えて下さい。

原動力であったのが余剰容積率。吹田市からの誘導もありましたが、具体的な建替えのきっかけとなったのは、２００６年にあったＵＲ機構からの「賃貸棟を建て替えるため、団地内にある5か所の共有地の持分を譲渡してほしい」という呼びかけでした。専有部分との分離処分が禁止されている規約敷地についての持ち分譲渡につき、最終的には管理組合で集会を開き決議をする必要がありましたが、「公団星八号」では管理組合すらありませんでした。話し合いの場である組合を設立する時から具体的に協力関与してくれたのが長谷工さんでした。話し合ううちに組合員間で相互に信頼感ができました。

星八の法定敷地と市道との間に介在していたＵＲ機構の所有地購入の意欲を元に建替え（実際は換価分割）の方向へと向かいました。

――建替えについて様々な意見の方がいらっしゃったかと思いますが、どのように意見をまとめていかれたのでしょうか。

共有であることの不合理さ、自分の考えだけでは物事が進められない歯がゆさ、共有減価の本質を認識してもらうしかないのですが、説得では通じない。やはり試行錯誤が必要と思いました。年配者も複数いたので、「この地で死にたい」との意見もあり、長谷工さんにはまずはリフォームから提示してもらいました。それから、建て替えのメリット、デメリットを議論していきました。試行錯誤の後、現在の共有状態での低利用、不健全な利用状態から最有効使用の状態にすることに合意し、共有減価状態から脱することが最適だと相互に認識するようになったと思います。

――居住していない区分所有者との情報共有はどのような方法を取られましたか。

5戸所有の法人は、必ず代表として総務部の人が参加してくれました。また1戸を賃貸している法人も賃借人と意思疎通を図ってくれました。1戸は既に相続がありましたが、相続人が協力してくれました。組合員の中に高齢者が3人いて、相続開始とか認知症による要後見が最も気がかりだったので、組合合意、信託契約も一時は考えたこともありました。

――全員転出に至った経緯を教えて下さい。

共有減価のある不健全な状態から最有効使用の状態への移行さえ全員合意すれば、その後は換価して別の場所で居住するのも、また建て替えた新築物件に買い換えるのも選択は自由ということで、全員が建替え（即ち最有効使用の状態にすることの合意）を選択し、その上で換価しましたが、たまたま誰も戻らなかっただけです。建替えは引越しの回数が増える等で当初から換価分割との暗黙の合意があったかと思います。

――今回の法改正後だったら、合意形成はより有利になっていたと思いますか。

意思の疎通を図れば全員が建替え（即ち最有効使用の状態にすること）の合意は可能と思います。ただし、どの団体にも自己主張の強い人がいることは否定できませんが、その一部の人を事前に換価分割と同額で補償することは、ゴネ得を許すことにもなると思います。また、共有者の中にスポンサー的な人が必要となるし、余計にぎくしゃくすると思います。かえって背水の陣で時間をかけたのがよかったのかもしれません。

――建替えを検討・推進する中で印象に残っているエピソードや苦労した点があれば教えて下さい。

星八は15戸の集合住宅で、共有者の議決権の頭数は7人（うち法人2社）、実質の法的共有者は9人でした

上：建替え前、下：建替え後

が、うち、高齢者が3人でした。3人とも当初は「この地で死にたい」という考えでしたが、会合を重ねるうちに、協力的になっていきました。しかし、全員合意の決議前に、相続開始や要後見状態になるかもしれないと考えると心配でした。うち、1人は配偶者と子供がなく、相続予定者としては甥姪が17人いました。「伯母には世話になっている」と気遣ってくれて甥姪達にも星八でお会いし、協力してもらっていましたが、もし相続が開始したり、後見が必要になったりしたら…と気遣うこともありました。後半は、老健施設へ入所していましたが、意思能力には問題なかったので、無事、全員合意に至ることができました。

――建替えをして変わった点や良かったと思うことがあれば教えて下さい。

換価後は我々親子兄弟3世帯はバラバラに住むことになりました。たまたま珍しい住形態が普通になっただけですが、星八の時代が懐かしいとも思います。

――これから建替えを検討する方々にメッセージをお願いします。

老朽マンションを建て替える場合は、少なくとも容積率は、指定容積率、基準容積率の1・5倍以上を確保するような対策は必要だと思います。残念ながら、最近のマンションは、基準容積率を目一杯に建てていることが多いです。そのままの状態を所与として考えたら、老朽化するとリフォームして継続使用するしかないかとも思います。しかし、都市計画や法はその時代に応じて人間が決めるもので可変的だと思います。固定的な自然とは違い、土地は容易に増やすことはできないかもしれませんが、人間の決める容積率や建築技術によって可能となる床面積増は十分生み出せると思います。現に、都市再生特別措置法や総合設計制度のような新しい手法を使用して指定容積率の2倍近くを実現している例もあります。したがって、これからは、現在の敷地は基準容積率が一杯に使われているからといって悲観せず、案を出して再開発を後押しする行政とも交渉し、指定容積率、基準容積率から変えてもらえるようもっていくのも一つの案かと思われます。

◆㈱長谷エコーポレーション　建替・リフォーム相談室
☎ 0120-095-356

アトラス千里山星ヶ丘

所在地		大阪府吹田市千里山星が丘 5 番 16	
建替え		前	後
建物名		公団星八号	アトラス千里山星ヶ丘
竣工時期		昭和 31（1956）年竣工	平成 25（2013）年竣工
敷地面積		869.19m^2	1,035.21m^2
延床面積		739.35m^2	2,084.74m^2
建物形状	階数・棟数	地上 5 階建	地上 6 階／地下 3 階建
	構造	RC 造	RC 造
住戸の状況	総戸数	住戸 15 戸	住戸 20 戸
	間取り	2DK	3LDK ～ 4LDK
	各戸専有面積	42.84m^2	76.82 ～ 104.05m^2
建替え決議等		全員合意による区分所有権解消決議を実施	
事業手法		全員合意による全部譲渡方式の建替え	
仮住居の確保方法		全員転出のため、仮住居の必要なし	
補助制度等の利用状況		なし	
建替えを必要とした理由		・建物の老朽化と使い勝手の悪さに加え、空室が増加 ・区分所有者の高齢化に伴い、エレベーターがない等、生活に支障が出てきたため	
特徴等		・全員合意による区分所有権の解消 ・15 戸から 20 戸へと小規模の建替え	
建替えの経緯		平成 18 年頃より：㈱長谷工コーポレーションとの建替えの相談開始	
		平成 22 年 5 月　：旭化成ホームズ㈱（現：旭化成レジデンス㈱）を事業協力者に選定	
		平成 22 年 9 月　：建替え決議成立後、全員合意による区分所有権解消決議	
		平成 23 年 5 月　：解体着工	
		平成 24 年 2 月　：本体工事着工	
		平成 25 年 3 月　：竣工	

Column 2

町内会・自治会、マンション管理組合の違いとは？

町内会・自治会とは、その地域に住む人が互いに支え合い、日常生活に必要な情報交換や安全確保等を行い、暮らしをより快適にするために協力し合う自治組織をいいます。例えば、ゴミステーションの設置や管理、お祭り等のイベント、防犯パトロール、防災訓練、子供やお年寄りの見守りといった取り組みを通じ、まちづくりを進めています。任意団体なので、その町内に住んでいることを理由に加入を強制することはできませんし、加入を拒否しても法的に問題はありません。ただし、地方自治法によっては、地縁団体とされていて、法人格を得た組織もあります。

これに対して、マンションの管理組合は、区分所有法（昭和 59 年 1 月改正）によって、分譲マンションの購入者（区分所有者）全員で建物並びにその敷地および附属施設の管理を行うための団体を構成し、本人の意思に関係なく加入が義務づけられています。同じ地域（マンション）に住み、皆の暮らしをより快適にするために協力し合うという点では、町内会・自治会と同じですが、参加を拒否できない点は決定的に違います。また、大規模マンション等では、地域の町内会・自治会に加入するのではなく、マンション単位で自治会組織を設けているところもあります。この場合、管理組合と自治会では、構成メンバーが全く同じということもありますが、あくまで管理組合の目的は、共有財産と共同生活の秩序の維持であるのに対して、町内会・自治会の目的は、居住者相互の親睦と地域生活の向上と方向性が異なります。そのため、会計等の面では、両者を明確に区別し、別々に運営することが望ましいでしょう。

建替えを検討する高経年マンションの中には、管理組合の未設立や管理組合という名称ではないものの、実質的に共用部分を維持管理、保全して行くための団体が組織されていることもあるでしょう。それは、区分所有法の改正以前に建設されて入居し、相当年数を経過したマンションでの管理組合の設立は任意とされていたためです。

実践篇

法改正後の賢い進め方

3

「マンション建替えの壁」突破のポイント

今、多くのマンションが、“建物の老朽化”と“居住者の高齢化”という二つの老いに直面しています。築 30 年以上の物件は、平成 23 年度末に 100 万戸を超え、さらに平成32年度末には200万戸を超えると推測され、これからの 10 年、旧耐震基準・高経年マンションは続々と建替えに問題に直面するでしょう。

第３章では、建替え検討時に問題になる費用や建物の老朽化に対する認識の違い、合意形成に最も影響する自己負担金や仮住居、建築時には適法で建てられた建物が、その後の法令改正や都市計画の変更等によって、現行の法令に適合しない部分がある「既存不適格建築物」や建替え不参加者に適用される「売渡請求」「買取請求」の違い等、マンションを建て替える上での問題点や突破のポイントを法律面・資金面等から解説しています。また、既存不適格建築物の問題を乗り越え、延床面積の減少にも関わらず合意形成に成功したインタビュー事例も必見です。

1

ライフスタイルや価値観の相違

二つの老い

今、多くのマンションが、〝建物の老朽化〟と〝居住者の高齢化〟という「二つの老い」に直面しています。築30年以上のマンションは、平成23年度末に100万戸を超え、さらに平成32年度末には200万戸を超えると推測されています。老朽化ストックが増加する中、スラム化を防ぐため、適切な維持管理や建替え等に対応することが重要です。

居住者の高齢化

そもそもマンションを購入するタイミングは、新婚時や子供が生まれた時等、人生において比較的限られており、例えば、築40年のマンションで新築時に購入された方が多い場合、60〜70代の方が多く住まわれていることが推測できます。このマンションでエレベーターがなく、段差も多いとしたら、高齢者にとって日々の買い物等が不便というだけでなく、外に出る機会を減らし、健康にも悪影響を及ぼすでしょう。また現在のように「バリアフリー」という考え方もなかったため、スロープがある建物も少ないのが現状です。

この積み重ねは、外部との接触が減り、近年問題になっている「孤立死」にもつながりかねません。建物の老朽化に対応するためには、区分所有者間のコミュニティや合意形成、また、金銭的な負担が必要ですが、居住者の高齢化でこれら負担に応じることが困難になり、スラム化につながっているケースもあります。

様々なライフスタイルや価値観

マンションには、様々なライフスタイルや価値観を持つ居住者がご縁があり一つ屋根の下に住んでいます。これからの超高齢化社会に向けて、高齢者にとっても住みやすくコミュニティが生まれやすい環境を作ることが、建替えのみならず、老朽化に対応するコツと言えるでしょう。

二つの老い

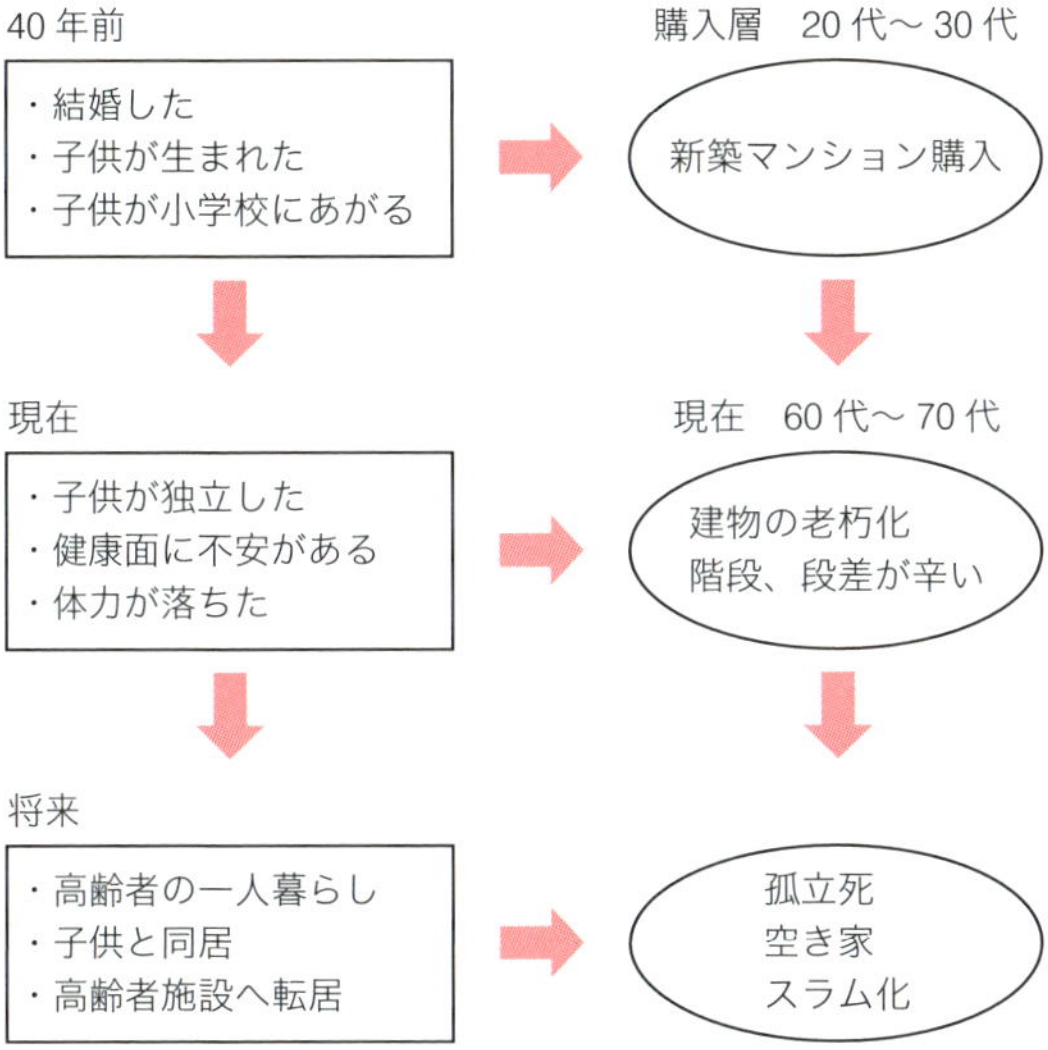

そうなる前に！

高齢になっても暮らしやすいマンションを考える

外に出やすい構造

・エレベーター、スロープ

孤立せずコミュニティが生まれやすい環境

・マンション内の共用施設（集会室、多目的室等）

万が一の時に安心の設備

・緊急通報ボタン

Point　区分所有者全員で建物や自分たちの将来を考えることは、コミュニティ形成の一助となるばかりか、建替えへの円滑な合意形成につながる。

2

老朽化に対する認識の差とは？

場所によって異なる劣化状況

建物の老朽化とは、「外壁や屋根の損傷が大きい」「建具やサッシまわりの建付けに不具合がある」「軒裏や塗装のはがれが多い」「床の傾斜やきしみが大きい」「雨漏りやカビの発生」「シロアリの被害や水まわりの土台・柱に腐朽箇所がある」「建物が傾斜している」等が目視でわかること等を言います。

しかし、外壁タイルの剥がれであれば誰が見ても判断がつきますが、外壁の仕上材は、陽当りの度合いによって劣化状態に差がありますし、サッシの開け閉めも住戸の場所によって違いがあります。給排水設備等も、経年だけではなくマンションの階数や定期的な排水管清掃の実施状況等によって差が出てきます。

このように、共用部分は対外的な環境から、専有部分は個々の使用状況によって、老朽化の進み具合に差が生じます。

主観的・客観的な認識を共有する

また、建付けが悪いエントランスの扉でも、不具合に感じる方もいれば、感じない方もおり、それぞれの認識や主観的な違いによって大きく変わります。特に長年住んでいる場合、愛着や感覚等から不具合に感じない場合も多いようです。そのため、老朽化の度合いを判断するためには、専門家による耐震性のis値（建物の耐震性能を表す指標で、数値が大きいほど耐震性が高い）やタイルの浮き等の客観的な数値データを集めて共有することで、老朽化に対する共通認識を持つことができます。その際、居住者が感じる主観的な認識もアンケート等で調査しながら進めていくとよいでしょう。この老朽化の客観的データや、主観的なアンケートの調査結果を共有し、共通の認識を持つことが、建替えや修繕等の合意形成に重要な役割を果たします。

老朽化の認識の差

客観的要素

目視で共有できる

主観的要素

人によって感覚の違い

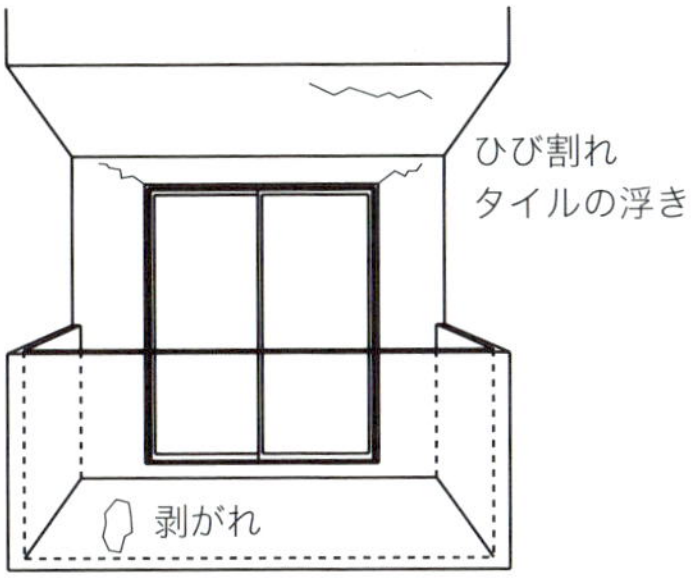

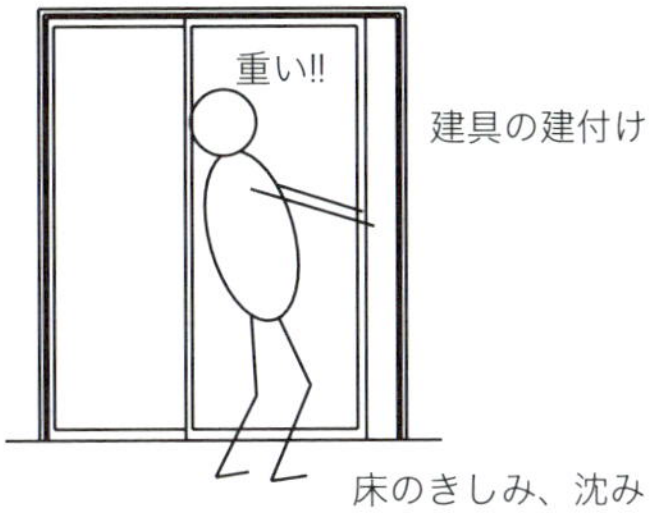

客観的判断要素	主観的判断要素
専門家の調査結果（数値データ）等 ・タイルの浮き調査 ・配管内の写真 ・屋上等の防水シートの調査　等	区分所有者、居住者によるアンケート等 ・住戸内床の傾斜やきしみ ・建具の建付け ・設備の使用感　等
共用部分の劣化影響要素	**専有部分の劣化影響要素**
日常・定期清掃の回数 修繕の回数、内容 設備機器の種類、メンテナンス内容	使用方法や頻度 長期不在等によるメンテナンス不足

区分所有者間で情報共有

共通認識

Point　居住者の不満を軽減するため、主観的な認識をアンケート等で調査！

3 建替え中はどこに住む？

仮住まいの期間は約2年

建物の除却から新築まではおおよそ2年間かかります。その間は仮住まいをします。例えば、団地の建替えで敷地の空いた所に新築マンションを建て、そこに区分所有者が引越し、仮住まいが不要な事例もありますが、一般的には、仮住居を探すことになります。仮住居は、通勤や通学等、住み慣れた生活圏を変えたくないという方が多いため、近隣で探す方が大半です。中には、近隣の空いている社員寮を借り上げる等の工夫で区分所有者の負担を軽減している事例もあります。

人のつながりが切れない配慮を

ただし、建替えが大規模の場合は、同時期に多くの世帯が仮住居を探すため、入念な計画が必要です。特に高齢者の場合、長く暮らした場所から移ることは、ご近所付き合いやかかりつけの病院への通院等、環境を変えたくないという意識がより強いので、優先して仮住居を探す配慮が重要です。また、仮住まい期間中も区分所有者同士のコミュニティが継続できるような場所や機会を設け、物理的な距離だけではなく、人とのつながりが途切れない工夫をしましょう。区分所有者同士が集まれる環境を用意することは、仮住まいへの引越しや建替え期間中の生活等への不安の軽減にもつながります。実際に、建替え前は知り合いではなかった高齢者達を同じ仮住居先にしたところ、建替え後にもつながる新たなコミュニティが生まれたという好事例もあります。このように、仮住まいは、建替え後のコミュニティ形成にも大きな影響をもたらすでしょう。

事業協力者や近隣の不動産屋、行政等の建替えに伴う仮住居の支援等（142頁参照）も上手に活用して、できるだけ建替え前の環境に近い仮住居を準備する配慮をしましょう。

建替え中の住まい

マンション除却 → 新築マンション竣工

おおよそ２年間仮住まい

大規模マンション、団地の場合、
一度に多くの世帯が仮住居へ転居

↓

通勤　通学　通院　近所の賃貸物件が足りない!?

↓

仮住居の計画も必要！

基本的には区分所有者が各自探しますが、事業協力者や地元不動産屋の協力を得ることも可能
行政等の支援も上手に活用

高齢者への配慮

環境変化への不安を軽減

- 通院等を考慮した場所
- 孤立しないために、高齢者達が同じ集合住宅に移る等の配慮（空いている社員寮を借り上げた事例も）
- 建替え中も集まる場をつくる等コミュニティの継続

転居前とできるだけ似た環境に！

高齢者を優先して仮住居の転居先を探すサポートが重要！

Point　建替えの検討の段階で、仮住まいにも配慮した提案をすることで建替え中の不安要素の軽減を図る！

4 建替えの検討費用

修繕積立金から捻出できるか

3回目の大規模修繕工事を検討する辺りから、修繕や改修をするのか、それとも建替えをするのかという問題が出てきます。検討するには、判断材料となる調査が必要です。管理会社や行政等による目視や簡易調査で無償もしくは安価の場合もありますが、本格的な調査となるとそれ相応の費用がかかります。この費用は、少額かつ総会等で過半数の同意を得て予算計上されていれば、広い意味での管理と捉え、管理費会計から捻出することもできますが、本格的な調査診断費用となると修繕積立金会計から充当します。ただし、修繕積立金は定期的な修繕をするためのお金なので、建替えに係る調査費用として捻出する場合、反対者が出る可能性もあります。そのため、まずは、管理規約に建替えに係る費用が規定されているかを確認しましょう。

まずは管理規約を確認

マンション標準管理規約（以下「標準管理規約」）第28条では、「建物の建替えに係る合意形成に必要となる事項の調査」及び「建替え決議又は区分所有者全員の合意後、円滑化法によるマンション建替組合の設立認可又は、個人施行の認可までの間に建替えに係る計画又は設計等に必要がある場合」は、その経費に充当するため、建替え不参加者の修繕積立金相当額を除いた金額を限度として、修繕積立金を取り崩すことができるとされています。

建替えを検討する築年数のマンションで、規約に規定がない、そもそも規約がない等の場合は、まず規約の変更や制定（区分所有者及び議決権の各4分の3以上の特別議決）をします。また行政で建替え等の検討費用の一部や勉強会等の費用を助成する制度があります。諸条件や金額等を行政窓口で確認してみましょう。

建替えの検討費用

管理費会計	修繕積立金会計
・少額 ・過半数の同意を得て予算計上	・本格的な調査 ・管理規約の規定で定められているかの確認

マンション標準管理規約　第28条
（修繕積立金）
管理組合は、各区分所有者が納入する修繕積立金を積み立てるものとし、積み立てた修繕積立金は、次の各号に掲げる特別の管理に要する経費に充当する場合に限って取り崩すことができる。

一　一定年数の経過ごとに計画的に行う修繕
二　不測の事故その他特別の事由により必要となる修繕
三　敷地及び共用部分等の変更
四　**建物の建替えに係る合意形成に必要となる事項の調査**
五　その他敷地及び共用部分等の管理に関し、区分所有者全体の利益のために特別に必要となる管理
　以下　略

管理規約に規定がない場合、管理規約そのものがない場合
まずは管理規約の変更もしくは制定を !!
（各3/4以上の特別議決）

マンション標準管理規約とは
国土交通省が、マンションで生活する上で共同の利益を増進し、良好な住環境を確保することを目的とした、維持管理や生活の基本的ルールを定めた管理規約の標準モデル（ヒナ型）です。

行政の助成制度も活用

東京都千代田区の場合、建築後おおむね30年以上を経過しているマンション

助成対象項目に関わる調査費に3分の1を乗じた額
3年間で100万円を限度とし、1年ごとの申請または一括で助成

5

一時金（自己負担）はどのくらい？

好条件の場合を除いて一時金は必要

実際に建替えをする場合、どのくらいの費用がかかり、個々の負担はどの程度になるのでしょうか。例えば、現状建物の3倍の床面積に建替えができた場合、区分所有者の負担はゼロになる可能性があります。また、現状の2倍では、戸当り５００万～１千万円の負担、現状と同面積では2千万円程度が費用負担の目安とされています。実際には、マンションの立地や周辺環境、経済の変動等の社会的要因に影響される傾向があります。現在では、震災復興や平成32年の東京オリンピック、物価上昇等の影響から、建替え時の建設費用が増加傾向にあります。

修繕や改修、建替えの検討費用は、管理費会計または修繕積立金会計から充当することが可能ですが、それでも足りない場合や現状建物より大きな面積がとれない場合の建替え費用については一時金として自己負担することになります。実際に一時金（自己負担）なしで建て替えるというのは、相当な好条件に恵まれた場合を除き難しいと考えた方がいいでしょう。

自己負担を減らす工夫

しかし、現状建物より面積が増加しない場合においても、一時金等の負担をできるだけ軽減する方法（78頁参照）を検討しましょう。その際に耐震性の認定が受けられるマンションであれば、今回、新設された「マンション敷地売却制度」も選択肢の一つとすることもできます。この場合、敷地売却後、建て直したマンションに住むことも、売却して得た資金を元に別の場所に住居を移すことも可能です。

また、高齢者向けの融資制度（84頁参照）もあるので、一時金だけに囚われず、建替えによるメリットも十分に検討の上、判断しましょう。

一時金（自己負担金）

自己負担金の目安

	建替え後の面積（マンション全体）	負担
現状面積から	3倍	ほぼ0円の可能性
	2倍	500万～1,000万円程度
	同じ	2,000万円程度

・震災復興、東京オリンピックに向け建設費は上昇傾向
・立地条件も大きく影響

自己負担金なしで建替えられるのは、相当な好条件に恵まれた場合

↓

建替えには、まず自己負担金があるという認識が必要

↓

自己負担金を減らす工夫をすることが大切

マンション全体では

・建替え後の余剰分を売却
・敷地の一部を売却
・隣地と共同建替え
・補助金や助成金、融資制度の活用

個人レベルでは

・建替え後の専有面積を小さくする
・高齢者向け融資（リバースモーゲージ）や親子リレーローン等の活用

Point ほとんどのケースで、一時金（自己負担金）は発生する！

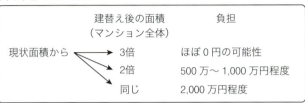

6

「売渡請求」「買取請求」とは？

売渡請求

売渡請求とは、建替組合が「建替えに参加しない旨を回答した区分所有者（原則として組合の設立の公告の日から2か月以内）」もしくは「権利変換計画の決議に賛成しなかった組合員（決議の日から2か月以内）」に区分所有権や敷地利用権等を時価で売り渡すよう請求できる権利を言います。この時価は、不動産鑑定士等の専門家やデベロッパー等が鑑定評価で算定します。

また、建替え決議の成立後、非賛成者に対し、再度建替えへの参加を書面で催告し、催告された者が、2か月以内に参加の有無を回答する必要があります。なお「建替えに参加しない旨を回答した区分所有者」には、期間内に回答しなかった区分所有者も建替えに参加しない旨を回答したとみなされます。この売渡請求権は、建替組合の売渡請求の意志が建替え不参加者に届いた時点で、建替え不参加者の意思に関わらず契約が成立したものとみなされる（権利者の意思表示のみで法律効果を生じさせられる）形成権と解釈されています。それは、権利変換計画の策定前に旧敷地、住戸に関する全ての権利を建替え事業の参加者（区分所有者や事業協力者等）で保有しておく必要があるためです。なお個人施行では、建替え参加者個人や建替え参加者全員の合意によって選任された者が建替え決議後に行使する（区分所有法第62条）売渡請求もあります。

買取請求

一方で買取請求とは、権利変換計画の決議に賛成しなかった組合員が、建替組合に対して、区分所有権や敷地利用権等を時価で買い取るように請求できることを言います。これは利益保護の観点から、建替え不参加者の利益が一方的に損なわれないようにするためです。

売渡請求

まずは確認！

建替え決議後、参加する
意思があるかないかを確認

管理組合 → 非賛成者

2か月以内に回答

非賛成者 → 管理組合

Point 回答がない場合も参加しない旨を回答したとみなされる

建替えに参加しない者に対し売渡請求ができる

円滑化法（第15条、64条）

建替組合 →（売渡請求）→ 建替え不参加者

・建替えに参加しない旨を回答
（期限内に回答がない者も含む）
・権利変換計画の決議に賛成しない

区分所有法（第63条4項）

建替え参加個人
参加者全員の
合意のもと
選任された者
→（売渡請求）→ 建替え不参加者

Point
・請求側の意思が不参加者に届いた時点で契約成立と見なされる（形成権）。
・売渡請求側は買取義務が発生。
・建替え不参加者は引き渡しの義務が発生。

建替えが行われなかったら？
建替え決議後2年を経過しても、取壊し未着手だった場合（計画が頓挫した場合等）、売り渡した区分所有者は、買戻し請求をすることができる。

買取請求

建替え不参加者 →（買取請求）→ 建替組合 / 建替え参加個人 / 選任された者

※不参加者の利益が一方的に
損なわれないため（利益保護の観点）

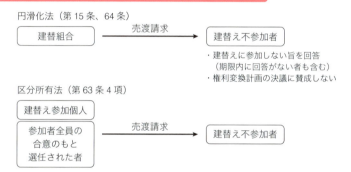

7
既存不適格建築物

「既存不適格」とは?

既存不適格建築物とは、建設時には適法で建てられた建物が、その後の法令改正や都市計画の変更等によって、現行の法令に適合していない部分がある建築物を言います。

以前は、高さ31m、20m等の絶対高さ制限によって決まっていた建物の床面積は、昭和43年の都市計画法によって容積率の制限を受けることになりました。建設後に容積率の条件変更があると建替え後に現状と同面積の建物が建たない、つまり、建物面積が小さくなるケースも少なくないのです。

また昭和51年には、日照権の問題から建築基準法によって、日影規制が導入されました。これは、冬至の日に日影がかかる時間の長さや範囲によって制限されるので、建物の高さと幅に影響します。そのため、全体ボリュームとしては、小さくなる可能性が大きいでしょう。この日影規制は、住居系の用途地域に適用され、北側の敷地境界から高さや建物の東西方向の幅を削られるようなイメージです。

旧耐震と新耐震

さらに昭和56年には、耐震性について改正がなされ、これ以前の建物は「既存不適格」、これ以降の建物は「新耐震」と言われています。

新耐震は、構造的に安全なイメージが強いですが、実は構造の基準は、それ以降も改正されており、必ずしも新耐震の建物が法令に適合しているとは限らないのです。

その他、消防法も改正されており、現行法に適合していない場合があります。消防設備点検や消防署による立入検査(査察)等で指摘されて改善されていることもありますが、例えば、避難経路の幅員等は、建替えや改修でないと改善は難しいと言えるでしょう。

既存不適格建築物

容積率

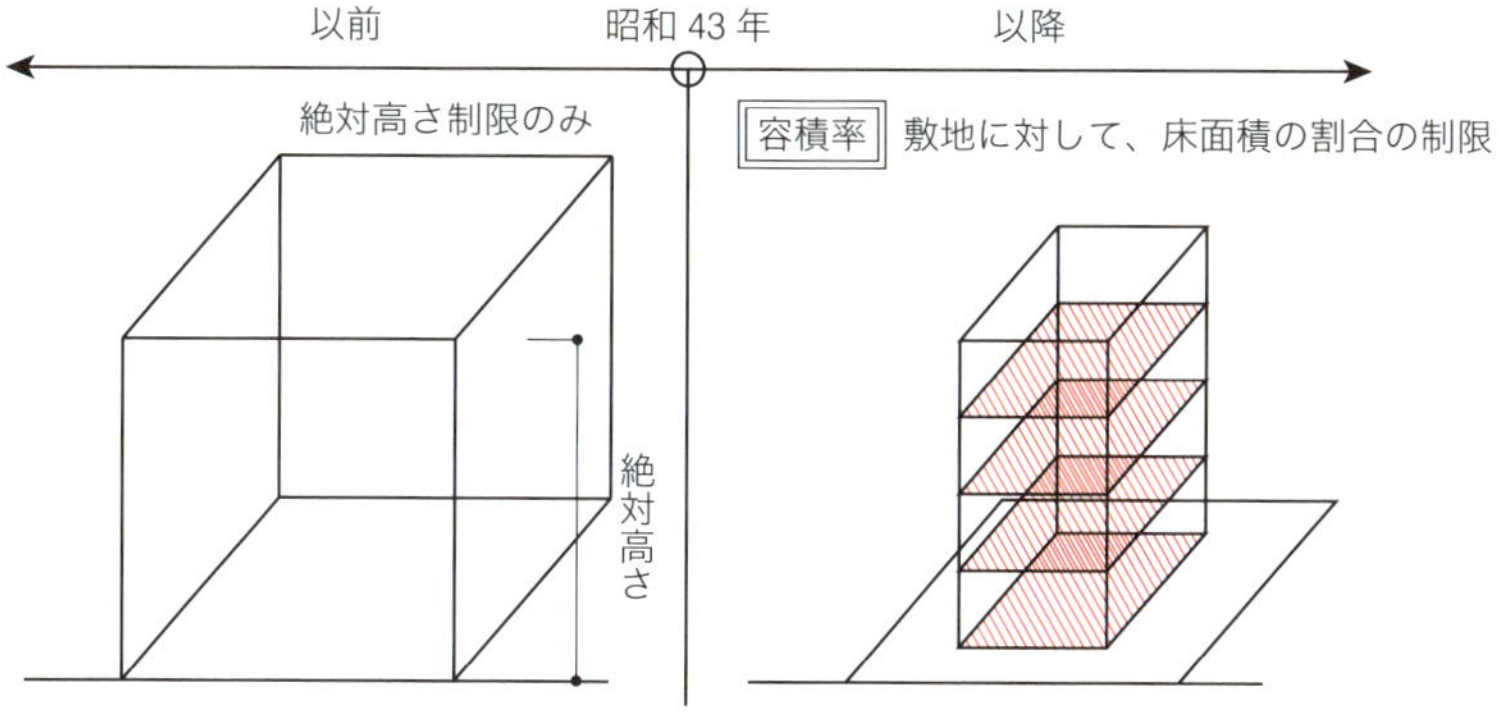

容積率制限の制定前に建設された建物は、建て替えると面積が小さくなる可能性がある

日影規制

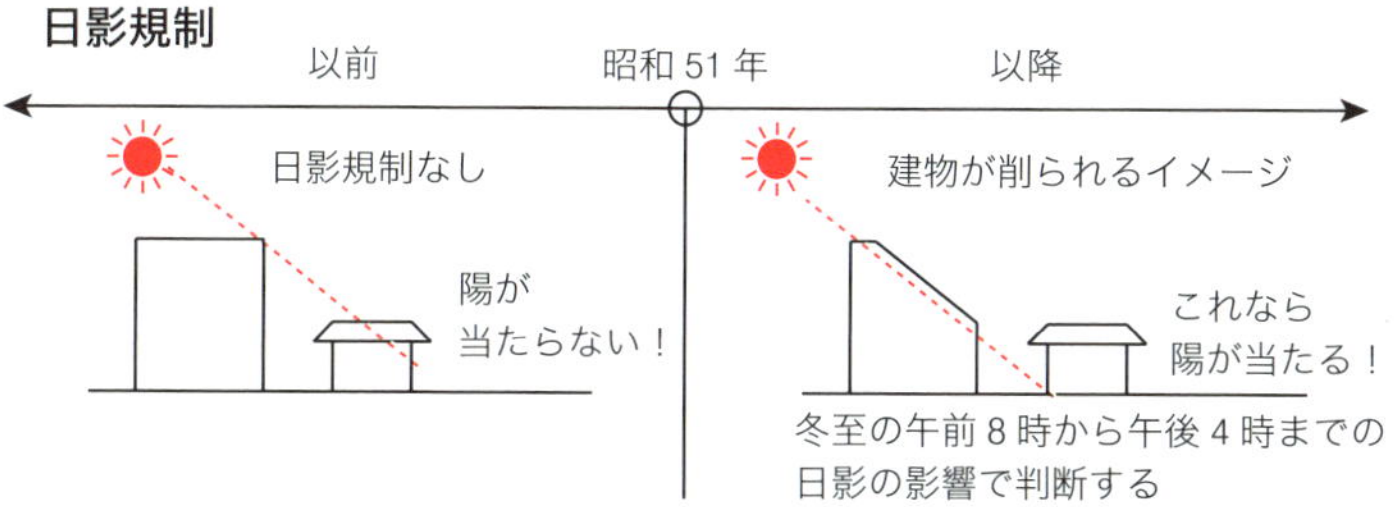

東西に長い建物や建てこんだ場所は、日影の影響が大きい

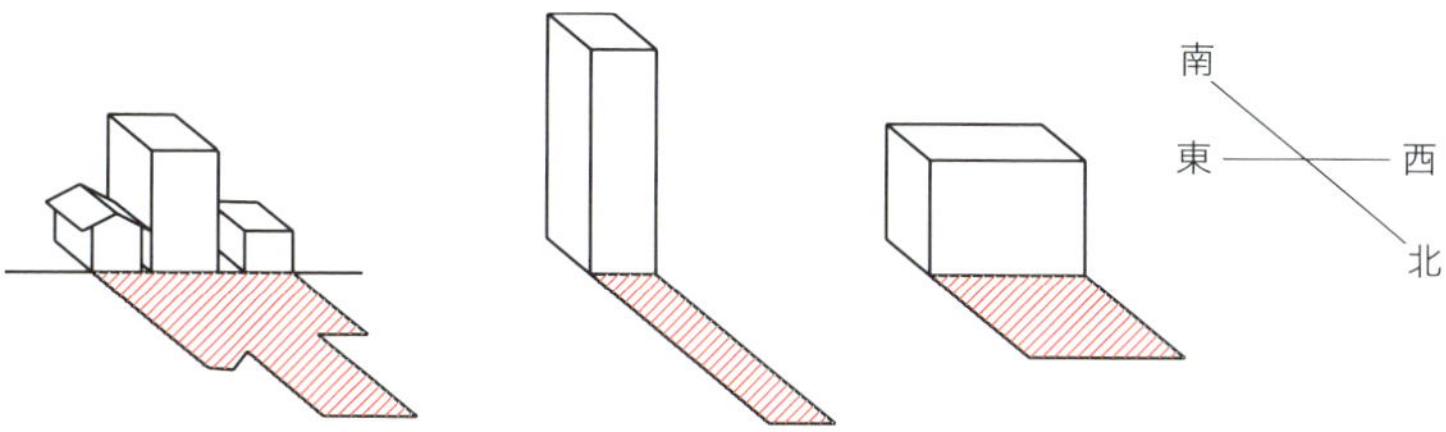

日影規制前に建設された建物は、建替え後、削られて小さくなる可能性がある

Point 現行法が適用された場合、どのような影響があるのかを確認することが重要。

interview ▷建替え経験者に聞く

シンテンビル（左門町ハイツ）

元理事長　升野龍男 氏
旭化成不動産レジデンス㈱
今井豊久 氏

「シンテンビル（左門町ハイツ）」は、首都圏不燃建築公社により昭和 37 年に竣工したオフィス分譲住宅の複合建物です。また土地は、事務所を所有する企業の所有で、住宅部分は借地権のマンションです。平成26年6月着工。平成28年1月竣工予定。

――建替えを検討したきっかけを教えて下さい。

升野氏　築50年を越え、メンテナンスも十分にされておらず雨漏り等老朽化は深刻でした。修繕では対応しきれない状態でした。借地契約期限も10年を切っていた中、そのまま更新するのかどうかという話もありました。耐震改修の検討もしましたが、居住に支障が出るので現実的ではないという結論でした。3・11も大きなターニングポイントになりました。

――建替えについて様々な意見の方がいらっしゃったかと思いますが、どのように意見をまとめていかれたのでしょうか。

升野氏　管理に関する問題は山積みでした。事務所と住宅はそれぞれ管理が別々だったので、全体の修繕計画もなく、建物全体の管理組合、管理規約もありませんでした。総会も長く開かれていなかった等、住宅の管理組合の状況も杜撰でした。義理の母が住んでいたこと、娘も住まわせたことをきっかけに理事長に就任しました。

事務所所有の会社に建替えの提案をしたところ、実は居住者の反対を懸念して建替えの話が出なかったという背景もありました。たまたま、同じ大学の後輩という縁もあって、話が進んでいきました。

――今回の法改正後だったら、より合意形成が有利になっていたと思いますか。

今井氏　借地なので敷地売却制度も該当しないですし、容積緩和については、敷地が小さく、日影規制もかかっているので、今回の法改正での適用は難しかったと思います。

升野氏　今後建替えを進めていくために、もっと具体的に国としても取り組んでいただきたいです。

左：建替え前
右：建替え後（CGイメージ図）

――建替えを検討・推進する中で印象に残っているエピソードや苦労した点があれば教えて下さい。

升野氏　成年後見制度、認知症、相続、建替えは民法の問題がなんでも出てきます。建替えに精通した弁護士も少ないですね。また、建替え決議の招集と決議の日の間に3・11が起きたのも偶然です。偶然を取り入れるのも大事です。建替え推進決議の直前に3・11の震災を経験、倒壊するかと思ったという人がいたほどです。エレベーターが止まり、高齢者の方は買い物に行けませんでした。その時に緊急連絡委員会を賃借人も含めつくりました。居住者同士で協力しあった経験から、やはり建替えをしなければということを居住者が共有したのだと思います。修繕建替え委員会は理事を入れた上で、若い人、女性、反対派も入れました。また区分所有者の高齢化の問題として28世帯中、建替え決議までに9名が亡くなりました。これが実態です。

高齢者は建替えが必要だとわかっていても、ここに住み続けたいという情緒の問題があります。これは難しいです。スープを届けたり、時間をかけてお話をしました。

――仮住まいに不安がる声等ありませんでしたか。

升野氏　もちろんありました。積立金から返すお金があるということを説明しました。積立金がなければ仮住まいの確保もできません。積立金は重要です。

――既存不適格で床面積が減少することに対しての解決策はどうされたか教えて下さい。

升野氏　容積が従前よりも減るということは、建替えに関して区分所有者の負担がありますが、優先すべきは何かということです。安心安全は何かということ、命の問題だということを居住者、区分所有者に問いかけました。

――建替えで新しく誕生するマンションに対する思いを教えていただけますか。

升野氏　良い成功事例になったと思います。たくさんの困難を抱えてもできるということを見せるのは、意義があります。「絶対成功する。なんとしても成功させたい」という強い想いを持ってやってきました。

今井氏　戻ってこられる皆様、住宅区分所有者の方にも事務所区分所有者の方にも満足していただける建物でなければいけないと思っています。これからは、条件の厳しい建替えにも取り組んでいかなければならない、また事業として成り立つということを示していかなければならないと考え取り組んできました。

――これから建替えを検討する方々にメッセージをお願いします。

升野氏　住む人とその場所に文化が生まれます。長年培ってきたものをどう継続させるかだと思います。そこは修繕だけでは済まないのではないでしょうか。また自分の問題としていく、その意識を持ってもらうことが大切です。個々の居住者、区分所有者のマネージメントも大切です。女性の存在もまた重要です。女性の声は横に広がります。コミュニティがあって、コミュニケーションが生まれますから。

今井氏　ハードルの高い建替えでも、区分所有者さんの固い決意があれば、可能性は見えてきます。是非、一緒に取り組んでいきたいと思います。

シンテンビル（左門町ハイツ）

所在地		東京都新宿区左門町 20 番 7（番地）	
建替え		前	後
建物名		シンテンビル（左門町ハイツ）	アトラス新宿左門町
竣工時期		昭和 37（1962）年竣工	平成 28（2016）年竣工予定
敷地面積		581.38m^2	581.38m^2
延床面積		4,068m^2	3,560m^2
建物形状	階数・棟数	地上 11 階／地下 1 階建	地上 12 階／地下 1 階建
	構造	RC 造	RC 造
住戸の状況	総戸数	住戸 28 戸、事務所 1 戸	住戸 36 戸、事務所 1 戸
	間取り	3K、3K ＋納戸	1K、1LDK、2LDK
	各戸専有面積	43m^2、50m^2	25.71 ～ 53.79m^2
建替え決議等		区分所有法第 62 条に基づく建替え決議	
事業手法		全員同意による任意建替え（等価交換方式）	
仮住居の確保方法		区分所有者が確保	
補助制度等の利用状況		なし	
建替えを必要とした理由		・築 50 年を越え、雨漏り等深刻な老朽化 ・借地の契約期限も迫っていた	
特徴等		・既存不適格建築物で、建替え後の面積が減少 ・借地権マンション	
建替えの経緯		平成 21 年　：簡易耐震診断により耐震性不足が判明し検討開始	
		平成 23 年 3 月：東日本大震災に遭遇し、居住者が建替えを決意 建替え推進決議	
		平成 23 年 5 月：事業協力者選定コンペティション実施	
		平成 23 年 6 月：事業協力者選定（旭化成不動産レジデンス）	
		平成 25 年 2 月：建替え決議成立	
		平成 26 年 2 月：解体工事着工	
		平成 26 年 7 月：本体工事着工	
		平成 28 年 1 月：建替え工事完了予定	

Column 3

マンションの建替えと高齢者

厚生労働省の統計によると、65 歳以上の高齢の世帯数は平成 12 年に 1114 万世帯でしたが、平成 37 年には 1843 万世帯に増加すると推測されるそうです。このうち、高齢者単身世帯と夫婦のみの世帯が 7 割を占めると予測されています。マンションでは親子 2 世帯で暮らすケースは比較的少ないですから、この割合はマンションに限って見ると、もっと多くなると考えられます。

高齢者にとって、マンションは暮らしやすい居住形態なのでしょうか。高齢になり、足腰が弱ってくると、やはり外出しやすい環境が望ましいですが、古いマンションではエレベーターが設置されていないところもあります。階段の昇り降りが辛くなってくると、どうしても外出の機会も少なくなりがちです。外出の機会が減ると、ますます体力が衰えるという悪循環に陥りやすいでしょう。エレベーターがあり、段差が少なく、車いすになってもスロープ等で外出しやすい環境は、外部との関わりを継続しやすいと言えます。

また、鉄筋コンクリートの建物は、木造住宅に比べて特に冬場の温度差が少なく、ヒートショックの影響が少ないというメリットがあります。今社会問題となっている「孤立死」についても、今後マンションという居住形態の中での取り組みが重要になってきます。マンションの建替えにおいては、このように、今後迎える「超高齢化社会」を見据えた計画も求められるでしょう。設備の面では、ICT（Information and Communication Technology）相互通信システムの利用による緊急時の連絡や、ライフライン（電気、水道、ガス）が一定時間使用されない時に自動通信するシステム等の導入も有効でしょう。

また、マンションという集合体の強みを活かした「コミュニティ形成」は、高齢化社会にとって大きなメリットとなりうる可能性を秘めています。楽しく有意義な生活を送る、そのための環境づくりとしての「建替え」という視点もあるということを意識したいところです。建替えは期間、費用等負担の大きな事業です。できるだけ元気なうちから取り組むことをお勧めします。

実践篇

法改正後の賢い進め方

4

費用負担を軽くする

建替え検討時において、一番の不安は、やはり経済的な問題、一時金（自己負担金）でしょう。

第４章では、この費用負担を軽くするため、「戸数を増やし売却」「隣接地の活用」「敷地の一部売却」等の様々な工夫や、特に高齢者にとって、新たな住宅ローンを契約することは困難であるため、親子で共に融資金の返済に取り組む「親子リレーローン」、マンション版「リバースモーゲージ」という選択肢を紹介しています。また、「等価交換方式」と「権利交換方式」との違いや、改正円滑化法によって、今まで時間や費用負担を要することが多かった、賃借人の「借家権の消滅」と「再建建物への権利移行」等を解説しています。

さらに、隣接地との共同建替えで、タワー型マンションの建替えに成功したインタビュー事例も必見です。

1

「戸数増で売却」と「隣接地の活用」

床面積・戸数を増やす方法

建替え時の費用負担を軽くする最も有効な方法は、〝戸数を増やし、余った住戸（保留分）を売却する〟ことです。そのためには、面積を増やし、売却面積を多く確保することで、建替え事業に充当できる予算が増え、結果、区分所有者の経済的負担の減少につながります。つまり、再建の建物面積を従前の建物面積で割った面積割合を還元率と言い、この率が大きいほど建替えにおける事業性は有利と言えます。しかし、そもそも敷地に余裕がない場合は、従前の建物面積より増やすことは難しいですが、「総合設計制度」「改正円滑化法による〝耐震性不足の認定〟」「隣接地との共同建替えまたは隣接地を買収して建替え（インタビュー88頁参照）」等で容積率を割増できる方法がいくつかあります。

隣接地の活用

例えば、隣接地との共同建替えや買収しての建替えは、敷地が大きくなる分、容積対象面積（敷地に対する床面積）が大きくなります。特に住居系の用途地域では、日影規制によって容積率を使いきれない場合が多く、敷地が大きくなることで、4階を5階の高さに建てられる場合もあります。さらに、建物の規模によって幅員が大きな道路に接道する隣接地があれば、共同建替えによって容積率や道路斜線に対して計画が有利になる場合もあります。

ただし、最近、建築基準法の他に各都道府県によって、マンション等の共同住宅に関する規制が特に厳しくなっていることや、隣接する建物の用途、所有形態によって権利移行等の手続きが異なってくる点に注意が必要です。

また、区分所有者の経済的な負担を考えると、買収より共同建替えの方が現実的と言えるでしょう。

戸数増で費用軽減！

戸数を増やす
→ 余った住戸（保留分）を売却する
→ 区分所有者の費用負担が減る！

$$\frac{\text{再建マンション面積}}{\text{従前マンション面積}} = \boxed{\text{還元率}}$$

大きければ大きいほど所有者の負担減

Point 還元率を増やすには、再建マンションの面積（容積率）をいかに増やすかが重要である。

例えば……
・総合設計制度（50 頁参照）
・改正円滑化法による「耐震性不足の認定」（36 ～ 39 頁参照）
・隣接地との共同建替え

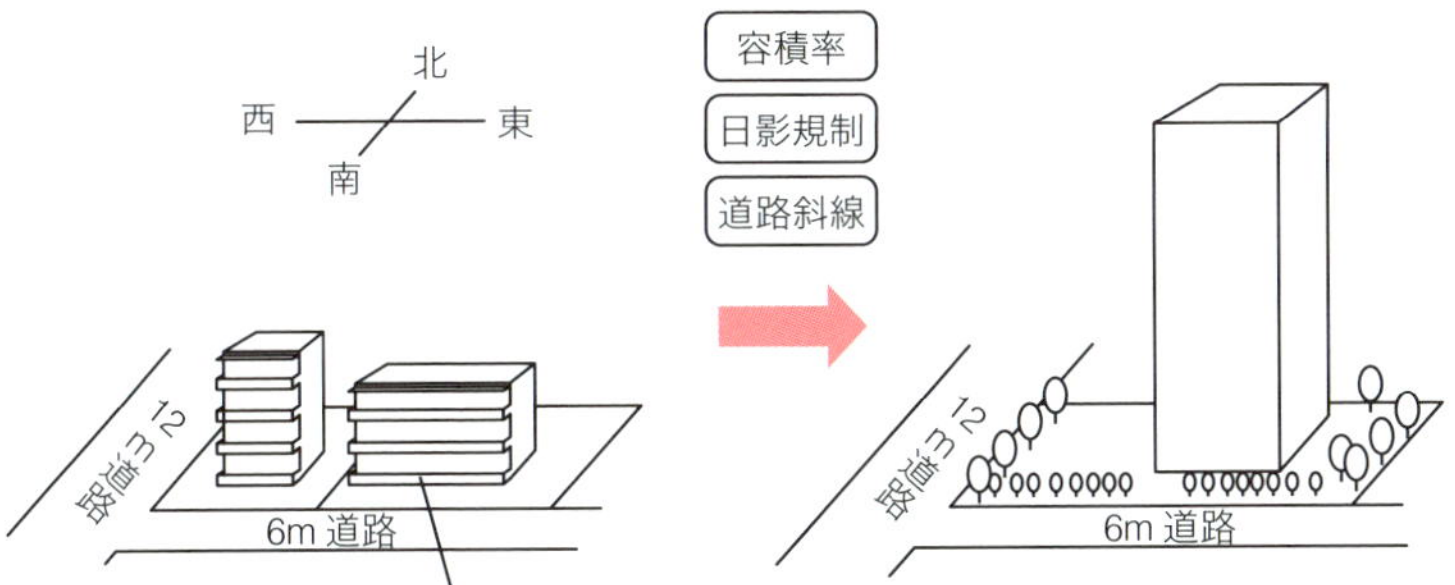

例えば
・12m 幅員の道路に接道することで、容積率、道路斜線に対して有利になる
・東西に対して建物が小さくなれば、日影規制が有利になる

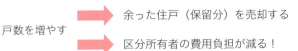

2

敷地の一部を売却する

立地は駅近が有利

近年の新築マンションを見ると、駅近の物件が増えています。共働きが増える現代においては、職住接近が望まれ、例え住環境として暮らしやすい場所でも、駅から徒歩10分を超えると、新築・中古に限らず、価格への影響や売買しにくい傾向があります。そのため、建替えにおいても、従前建物が駅近の方が有利と言えます。つまり、保留分（戸数を増やし、余った住戸）があったとしても、事業協力者（デベロッパー等）が売り出す販売価格に与える影響等から、売れにくく事業性が低いと判断されると、建替え事業が難しくなる可能性があります。

敷地の一部を売却して事業費に

例えば、駅から離れていても戸建住宅として人気があるエリアがありますが、このような場合、敷地の一部を分譲地（住宅地）として売却し、事業費に充当する方法があります。

ただし、敷地の一部を売却するということは、従前建物よりも規模が縮小する可能性があります。しかし、マンションの建替えにおいて、従前の区分所有者が建替え後も全員所有するとは限らないので、事前のヒアリング等の意向調査で建替えを機に権利を売却したいと希望する区分所有者がいるかどうか、把握しましょう。実際には敷地の一部の売却なので、共同事業ではありませんが、例えば、マンションの建替えと分譲地（住宅地）に建つ戸建住宅とで、一つの「まちづくり」と捉え、計画推進することは、新しい付加価値やコミュニティを生み出すことにもつながるでしょう。近年「コミュニティ」の創造は、不動産の資産価値にも影響すると言われています。「まちづくり」という視点から、一緒に計画を進めていけるような事業協力者を選択すると良いでしょう。

敷地の一部売却

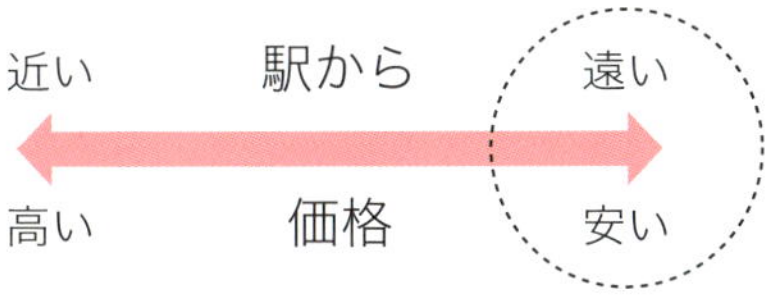

余剰床が大きく、戸数を増やせても
事業性が低い場合、分譲地として売却し
事業費に充当

駅から徒歩 10 分を超えると

・価格が下がる
・売買しにくい

↓

事業協力者が見つかりにくい

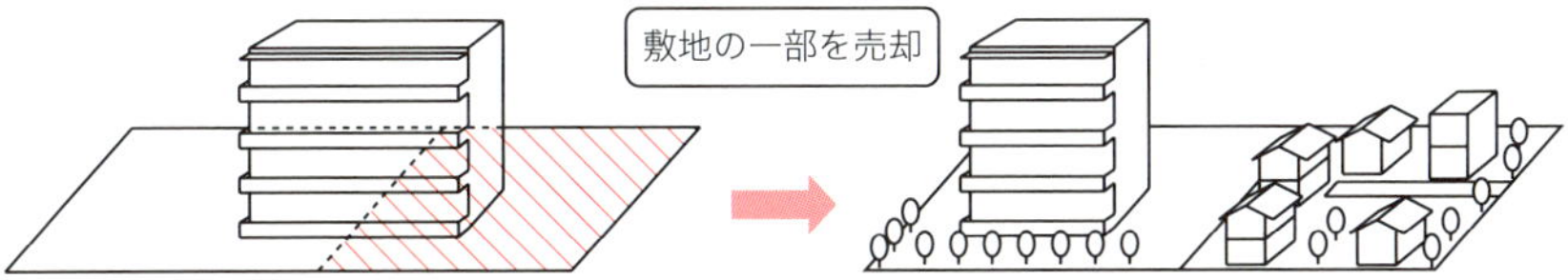

Point 建替え後の建物の床面積が減る可能性

しかし

→区分所有者全員が建替え後も所有を希望するとは限らない！

→従前に所有する専有面積を希望するとも限らない！

「まちづくり」の視点で、売却した土地の事業を行う

↓

新しい付加価値、コミュニティの創造

↓

建替え後のマンション、売却した土地、相互に資産価値のある不動産へ

3 等価交換方式と権利変換方式

等価交換方式

等価交換方式とは、区分所有者が従前建物や土地等を事業協力者等に一度売却し、事業協力者が建設費を負担し、完成した建物を区分所有者の出資比率に応じて、それぞれの区分所有権を買い戻すしくみを言います。いわば共同建設方式とも言え、従前建物と同程度の面積であれば、区分所有者に費用負担が発生しないのが特徴です。しかし、費用負担がないとはいえ、一度、事業者に売買するため、住宅ローン等を全額返済し抵当権を抹消する必要があり、この権利移行が建替えの壁となっていました。なお、解体及び新築工事中の区分所有権等の権利は、事業協力者との信頼関係で成り立っています。

権利変換方式

これに対し権利変換方式は、従前建物の権利をそのまま再建建物に移行できます。建替え後の再建建物に関わる区分所有権、敷地利用権、借家権や抵当権等の内容、権利変換期日等を定めた、権利変換計画書を策定し、組合員の各5分の4以上の賛成と権利関係者の同意を経て、都道府県知事の認可を受け計画を確定させます。この手続きにより、必要な登記を一括申請することができます。

実際にはデベロッパー等によって、策定及び認可を受けることが多いかと思います。この法整備で権利移行の効率化、解体及び新築工事中の区分所有権等の権利が法的に保全されます。また、等価交換方式を採用する際、抵当権抹消のため、残金清算をする負担がなくなり、権利移行がしやすくなったと言えます。

円滑化法の施行前は、等価交換方式が主流でしたが、住宅ローン残高がある区分所有者が多いマンションでは、権利変換方式の採用で金銭的な負担が減り、合意形成が円滑になる可能性があるでしょう。

等価交換方式

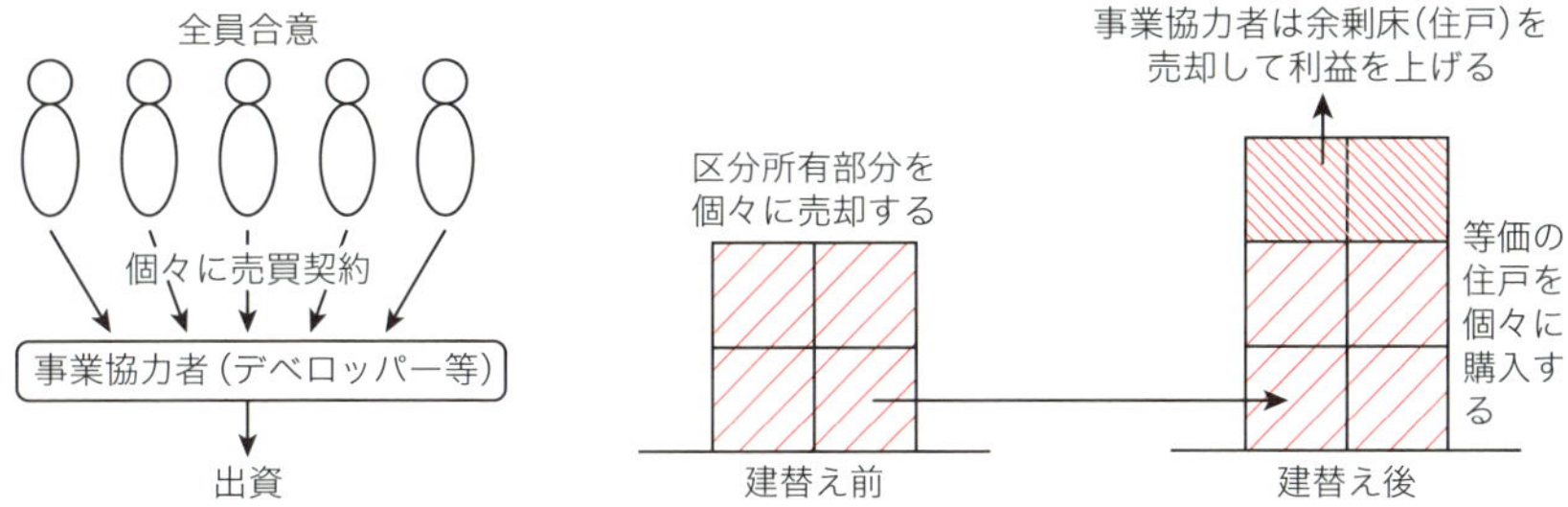

Point
- 区分所有者は事業者と権利売買することで、事業を全面的に任せられる。
- 事業協力者にとっては手間もかかり、資金調達等の負担を伴う。

※ただし、住宅ローンの残債がある区分所有者は、抵当権を抹消する必要がある。

等価交換方式と権利変換方式の違い

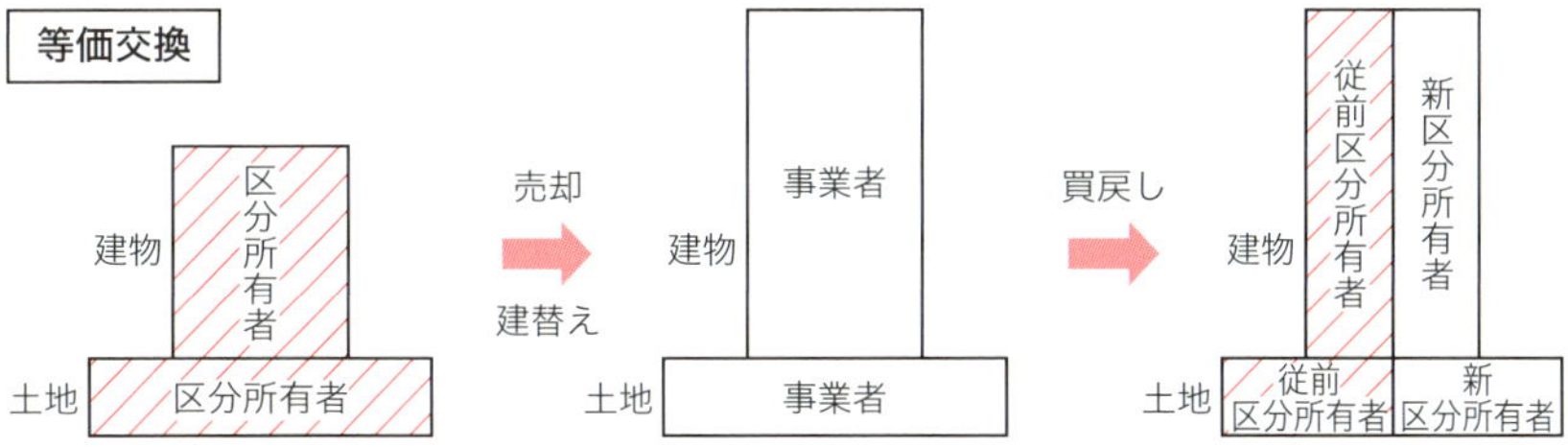

Point
- 住宅ローンが残っている場合、売却するために残金清算が必要。
- 工事中の区分所有権等は、事業協力者との信頼関係による。

Point
- 権利をそのまま移行するため、住宅ローンもそのまま移行される。
- 都道府県知事の認可を受けるため、法的に権利が守られる。

4 親子リレーローンとリバースモーゲージ

親子リレーローン

建替え時において、一番不安なのは経済的負担でしょう。特に高齢者にとって新たな住宅ローンを契約することは負担であり、親子で共に融資金の返済に取り組む「親子リレーローン」も子世帯が別の住宅購入でローンを使用していれば、難しいでしょう。このような場合、「リバースモーゲージ」という選択肢があります。

リバースモーゲージ

これは、自宅（マンション）を担保に金融機関から借入し、一括または年金形式で定期的に融資を受け、契約満期または死亡時のどちらか早い時期に自宅の売却等で一括返済する制度です。不動産資産で、年金を補う生活費に変えます。この住宅ローン版として、住宅金融支援機構が提供する「まちづくり融資（高齢者向け返済特例）」があります。条件については左表を参照して下さい。なお、返済は毎月利息のみで、例えば、５００万円の借入では、月々の支払いは１万５００円程度（固定金利２・５％）と大きな負担をすることなく住み続けることが可能です。また、高齢者住宅財団が連帯保証人になるため、保証料と手数料はかかりますが、子世帯への負担がなく、身寄りがない場合等はありがたい制度と言えます。

今後も相続税の増税が想定される中、無理に不動産を残すよりも親世代が余裕を持って生活することが、子世代への負担軽減にもつながるでしょう。なお、年収に占める住宅ローン返済額の割合（返済負担率）は、年収４００万円以下で30％（他の借入も合算）で、死亡時に相続人が一括返済または売却します。

この売却等で全額返済できなかった場合は、相続人が負うので、担保割れしない借入額に設定します。

高齢者の住宅ローン

親子リレー

申込者本人と住宅ローンを承継する者の条件

- 基本的に申込者本人の子・孫等（申込者本人の直系卑属）
- 申込時の年齢が満 70 歳未満
- 連帯債務者になることができる
- 借り入れる住宅に同居、もしくは将来同居する

Point 子世帯がすでに他の住宅を購入し、住宅ローン残債がある場合は難しい。

リバースモーゲージ

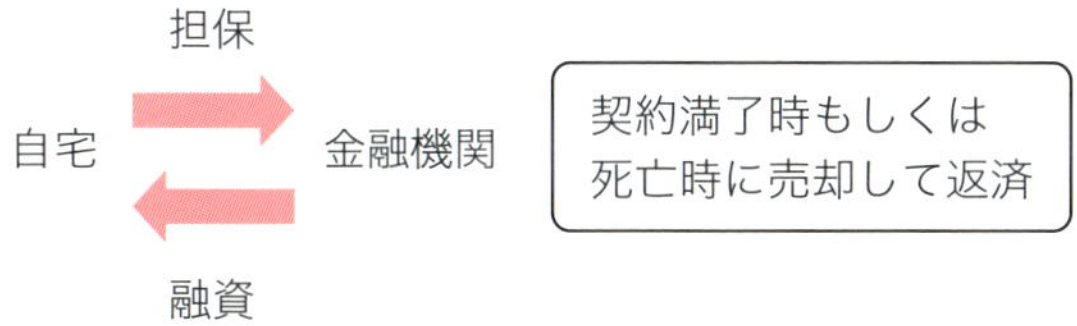

（一括 or 年金形式）

利息のみの支払で**生活費**等への充当

まちづくり融資（高齢者向け返済特例）※(独)住宅金融支援機構

リバースモーゲージの住宅ローン版

融資条件　・満 60 歳以上で自身が居住する住宅の購入
　　　　　・限度額 1,000 万円（100 万円以上 10 万円単位）
　　　　　　または、保証期間が設定する保証限度額

Point
- 身寄りのない高齢者や子世帯に負担をかけたくない場合に適している。
- 相続人が一括返済または売却して返済するので、担保割れしないよう売却する時点での売却価格も考慮して、融資額を決める。

5 賃借人がいる場合は？―借家権の消滅

賃借人は建替え後も入居可能

建替えをするマンションに、区分所有者本人ではなく賃借人（借家人）が居住している場合、どのような扱いをするのでしょうか。日本では賃借人の保護の観点から権利が強く、退去に苦労を要することがあります。特に店舗や事務所等が賃借人の場合、立退き交渉に時間も経済的にも負担を要し、トラブルにつながることもあります。改正円滑化法では、前述の権利変換方式によって「借家権」も再建建物に移行されるので、賃借人は、建替え後の再建建物を借りることができます。

つまり、建替え前の旧建物に居住していた賃借人は、その賃貸人である区分所有者が建替えに参加しない場合であっても、建替え後の再建建物への借家権が与えられます。

しかし、一般的に再建建物では従前よりも家賃が高くなることが多く、また再建建物の竣工まで待ちきれない場合等は、借家権の取得を希望せず、補償金を受け取って、転出を選択することもできます。この補償金は、賃貸人である区分所有者が、建替えに参加しない場合、権利を売却した中から支払うことが可能でしょう。

権利変換期日で借家権は消滅

建替えに参加し、引き続き賃借人に賃貸する場合は、権利変換計画の中で家賃等の取り決めをする必要があります。万が一、この協議が上手くいかなかった場合は、個人または建替組合等の施行者が裁定します。

また、権利変換期日をもって従前建物の所有権や借家権は消滅するので、賃借人は期日までに引越し等で明け渡す必要があります。期日までに明渡しをしない場合は、施行者から追い出しを受けます。施行者が建替組合等の場合、明渡しの催促等、区分所有者個人の負担は軽減されます。

借家権の消失

賃貸人……賃貸借契約を賃借人と結び、不動産等を貸す当事者
賃借人……賃貸人と賃貸借契約を結び、家賃等を賃貸人に支払い、不動産等を借りる当事者

従来

賃借人に対して　立ち退き交渉 → 立ち退き

※所有者が行う（実際には弁護士等）
費用だけでなく、時間もかなりかかる

権利変換方式

①継続して賃借 → 建替え後の建物に借家権を移行できる

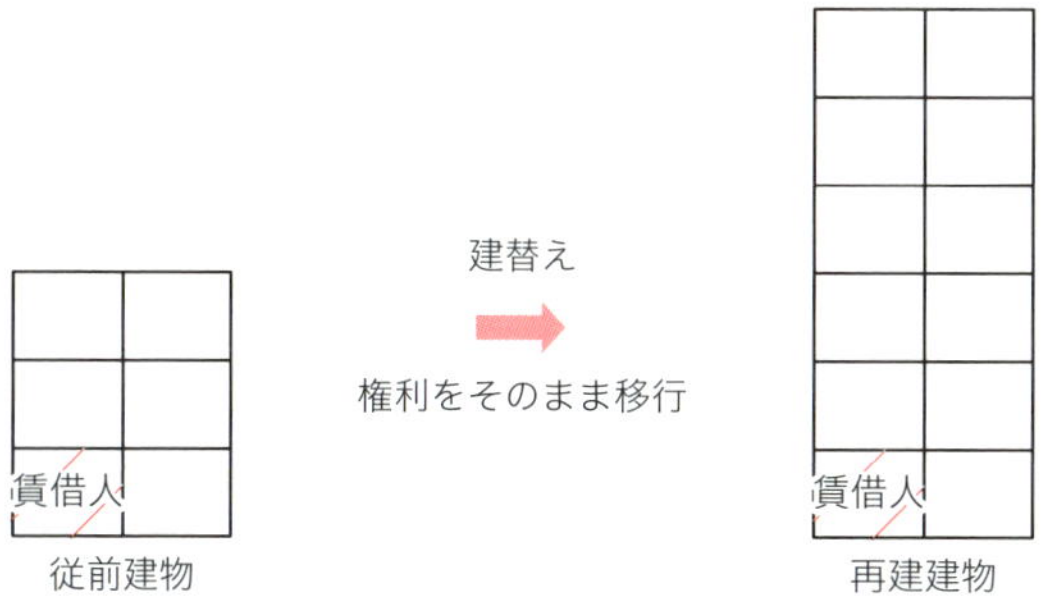

②補償金を受け取り転出 → 所有者が負担

権利変換期日

従前建物の所有権、借家権は消滅
賃借人は、決められた期日までに明け渡す

Point

- 継続して賃貸契約を締結する場合、権利変換計画の中で家賃等の取り決めをする必要がある。賃貸人の区分所有者が建替えに不参加で、物件を売却しても、借家権は継続することができる。
- 補償金は、賃貸人の区分所有者が支払う。建替えに参加しなければ、権利を売却した中から支払が可能。

アトラスタワー六本木

元(仮)六本木7丁目マンション建替組合理事長

「アトラスタワー六本木」は、六本木にありながら、喧噪からかけ離れた落ち着いた立地に隣接する2棟のマンションの共同建替えに隣接施行敷地を含めた、全国初の共同建替え事業です。
共同による総合設計制度の利用で容積を確保し、建替え費用の原資となる保留床の大幅確保にも成功。そのため、同等面積の確保、仮住居や移転費用を事業費から捻出することに成功したタワーマンションです。

――建替えを検討したきっかけを教えて下さい。

「天城六本木マンション」が、築35年を経て老朽化や、エントランスの階段が急で高齢居住者の昇り降りが大変、大規模修繕に加え、大規模地震を前提とした耐震性向上の改修工事を行うと多額の費用がかかるものと想定される等の理由から、知り合いの建設会社に相談したところ、「総合設計制度で建替えをすれば、容積率がのび条件が良くなるかもしれませんね」と提案を受けたことがきっかけとなり、修繕や改修の計画も含め、建替えの検討を開始しました。

――隣地に声をかけたきっかけや理由を教えて下さい。

「天城六本木マンション」と法人で所有していた「天城アネックスビル」で検討した結果、総合設計は可能だったのですが、二つの敷地だけだと、ペンシルビルのようになってしまうので、隣のマンション「ホーマットガーネット」に声掛けをし、隣住民同士で話し合いが持たれることになりました。当時「ホーマットガーネット」は築25年とそれほど経過していなかったんですが、「天城マンション」「天城アネックスビル」と同等の条件で、話がまとまりました。

――建替えについて住居や事務所では意識の違いから様々な意見の方がいらっしゃったかと思いますが、どのように意見をまとめていかれたのでしょうか。

共同化による総合設計の活用で容積率を増大させたことと、リーマンショック前で、時代が良かったため同等面積の確保と仮住まい、移転費用を事業費で捻出できるという好条件だったので、大きく反対された方はいらっしゃいませんでした。

――今回の法改正後だったら、合意形成はより有利になっていたと思いますか。

上：建替え前、右：建替え後

本事例の場合は、耐震性のところで、敷地売却に該当する可能性はありますが、77％以上の区分所有者の方が戻ってきているため、有利になったということはなさそうです。むしろ「借家権の消滅」が店舗や事務所に使用できた可能性はあるかもしれません。立退料も含めて事業費であるため、交渉がよりスムーズに進んだかもしれませんね。

――仮住まいに対する不安の声等はありませんでしたか。

仮住居、移転費用は、従前と同面積の相場賃料を上限として事業費から捻出されるので、問題はなかったのですが、一部の高齢者の方が仮住まいを探すことや契約手続きが大変とのことで、旭化成が契約し、お貸ししました。そのご高齢の方々は仲が良く、同じマンションで2年間の仮住まいをされたので不安等はなかったそうです。引っ越しに関しても、旭化成にリード、サポートしてもらって負担がかなり軽減されました。

――建替えを検討・推進する中で印象に残っているエピソードや苦労した点があれば教えて下さい。

公開空地でゆとりあるエントランスを居住者、店舗・事務所で1階と2階に作る工夫と、駐車場のことでしょうか。駐車場は事前調査では、1住戸で数台借りたい方が多かったのですが、実際には事前調査より借りたい方が少なく、空き駐車場になり、機械式駐車場であるため、そのメンテナンス費用の維持等のために管理費等の値上げを余儀なくされています。また、リーマンショックによる時代の変化で、余剰住戸の販売に苦戦を強いられたと聞いています。建替えは長期的な視点で検討することが必要ということですね。

——建替えをして変わった点や良かったと思うことがあれば教えて下さい。

金銭的な負担が極めて少なく、オーダーメイドで自分の希望がかなっているので、満足度は高かったようです。高層階住戸についても、既存と同等価値の住戸に移動というルールを基本に揉めることはありませんでした。

——これから建替えを検討する方々にメッセージをお願いします。

本建替え事業は、隣接する2棟のマンション共同建替えに隣接施行敷地を含めるという、全国初の共同建替え事業です。合計三つの敷地が共同することで、総合設計制度を活用し、タワーマンション建設が実現しました。このことによって、容積率の割増が受けられ、建替え費用の原資となる保留床の確保は、合意形成に極めて有効でした。敷地等の問題で建替えが懸念されている場合は、隣地との共同建替えも可能性の一つとして検討されると良いかと思います。たとえ建物の寿命はまだ先だったとしても、最新の建築技術と設備の導入により、資産価値の向上や公開空地の設置は景観上のゆとりを生み、防災上の安全性にも寄与したと思います。やはり建替えは、全員が良かったと思うのが理想です。経済的状況にもよりますが、まずは区分所有者の方の金銭的負担を可能な限り軽減する努力をしないと進まないと感じています。また合意形成については、〝不公平にならないように権利者が公平になるようなやり方〟をすると良いでしょう。さらに、合意形成が図れたら、資産価値への影響も含めて1日も早く実行することをおすすめします。

◆旭化成不動産レジデンス㈱　マンション建替研究所
☎ 0120-202-846

アトラスタワー六本木

所在地		東京都港区六本木7丁目	
建替え		前	後
建物名		①天城六本木マンション ②ホーマットガーネット ③天城アネックスビル	アトラスタワー六本木
竣工時期		①昭和46（1971）年竣工（築37年） ②昭和55（1980）年竣工（築28年） ③昭和59（1984）年竣工（築24年）	平成22（2012）年2月竣工
敷地面積		①約966.21m^2 ②約246.24m^2 ③約79.68m^2 合計　約1322m^2	約1,328.72m^2
延床面積		①約3,370.18m^2 ②約1,216.84m^2 ③約208.41m^2 合計　約4794m^2	約12,945m^2
建物形状	階数・棟数	①地上8階／地下1階建 ②地上3階 ③地上8階建・地上7階建	1棟　地上28階／地下2階建
	構造	①RC造 ②RC造 ③鉄筋造	RC造
住戸の状況	総戸数	①住戸24戸、事務所・店舗6件 ②住戸8戸、事務所・店舗1件 ③事務所・店舗1件	住戸90戸、事務所・店舗1件
	間取り	1LDK～4LDK	1DK～3LDK
	各戸専有面積	①71.28～107.56m^2 ②約54～115m^2 ③約70m^2	約50～155m^2
建替え決議等		区分所有法第62条に基く建替え決議を実施	
事業手法		マンションの建替えの円滑化等に関する法律に基づくマンション建替事業（組合施行）	
仮住居の確保方法		民間賃貸住宅等、区分所有者各自で確保。一部高齢者のみ、支援。仮住居、移転費用は、事業計画で捻出	
補助制度等の利用状況		なし	
建替えを必要とした理由		・簡易な建物調査で耐震性が必要とされたこと ・老朽化による設備の更新とエントランスの階段が高齢居住者の負担だったため	
特徴等		・隣接する2棟のマンション共同建替えに隣接施行敷地を含めた、全国初の共同建替え事業 ・3者で事業推進に向け基本合意書を締結し、準備組合の設置とデベロッパー選定 ・共同化と総合設計制度の利用により容積を確保し大幅な床面積の増加を実現	
		平成17年 4月：建替準備組合設立	
		平成17年 6月：建替え推進決議可決、事業協力者の選定	
		平成17年 8月：参加組合員予定者の選定	
		平成18年 7月：建替え決議可決	
		平成18年10月：六本木7丁目マンション建替組合設立	
		平成19年 5月：権利変換認可、解体工事着工	
		平成20年 1月：本体工事着工	
		平成22年 2月：竣工	

Column 4

大規模災害時の「帰宅困難者対策」条例

東日本大震災時、首都圏では鉄道等の運行停止によって、約515万人（うち東京都は約352万人）の帰宅困難者が発生し、駅周辺や道路が大混雑しました。マンションにおいても管理員等が勤務中に震災に遭い、被害や居住者等の対応をしながら、管理事務室で一夜を明かしたとの報告が多数なされています。

今後、首都直下型地震等の大規模災害の発生で、多くの者が一斉帰宅すると、駅周辺や道路への滞留によって、火災や建物倒壊からの落下物、集団転倒等による二次被害で、帰宅困難者自らが危険な状態に巻き込まれることが想定されます。そればかりか、発災後に優先して実施しなければならない救助・救急活動、消火活動、緊急輸送活動等の応急活動にも支障をきたし、首都機能の回復が遅れる可能性もあります。

そのため、東京都は2013年4月、大規模震災発生時の一斉帰宅による混乱を防ぐこと等を目的に「帰宅困難者対策を総合的に推進するための条例」を施行しました。主な条例の内容は、次の四つです。

①一斉帰宅の抑制の推進

家族等との連絡手段は、災害伝言ダイヤル171、SNS（ソーシャル・ネット・ワーキング・サービス）等、複数確保し、徒歩帰宅に備え、経路の確認や歩きやすい靴等を準備する。

②安否確認と情報共有のための体制整備

通信事業者等の関係機関と連携し、家族等との安否確認をする連絡手段の周知や災害状況、一時滞在施設の状況等必要な情報を提供する。

③一時滞在施設の確保

東京オリンピックの開催に向け、益々増えるであろう買物客や行楽客等、災害時に行き場のない者は、行政の施設等のみならず、民間事業者も協力して一時滞在施設を確保する。

④帰宅支援

徒歩で帰宅する人を支援するため、水やトイレ等を提供する場所や、バス、船等の代替輸送手段を確保する。

万が一、外出中に災害に遭遇し、帰宅が困難と判断される場合は、「むやみに移動を開始しない」という、帰宅を抑制する判断も有効と言えます。

実践篇

法改正後の賢い進め方

5

合意形成を効率的に進める方法

多くの区分所有者の合意形成を得るのは簡単なことではありません。様々な価値観を持つ人たちが、「建替え」という同じ目的に向けて、情報を共有し、知識を得て、建替えの必要性についてできるだけ客観的に考えていくことが重要です。そのため、建替えの提案のポイント、管理組合や理事がどう関わっていくのか、専門家にはどの段階でどのように関わってもらうのか、それぞれの関係性も含め、細かい段階に分けて流れを解説していきます。一つ一つ段階を踏んで、その都度、合意を図ることが建替えへの近道と言えます。

また、大規模団地の建替えという、合意形成の難易度が高いインタビュー事例は、当事者の声として必見です。

1

合意形成に向けての段階と手順

三つの段階

管理組合の建替えに向けての合意形成は、「①準備」「②検討」「③計画」といった、三つの段階に分けることができます。

①準備段階では、区分所有者の有志によって、修繕・改修との比較、建替えの必要性や構想について、情報収集をします。建替え提起に向けての勉強段階と言えます。

②検討段階では、管理組合で、建替えを計画することについて合意を得るため、修繕・改修との比較、建替えの必要性や構想について検討を行い、建替えが必要と判断されれば、「建替え推進決議（建替えを計画することの合意）」を行います。

③計画段階では、建替え推進決議に基づき、管理組合で計画組織を設置し、「建替え決議」に向け、建替え計画の策定を行っていきます。

四つの手順

合意形成を効率的に行うために、三つの段階それぞれで「組織の設置」「専門家の導入」「検討・意見の調整」「各段階における合意形成」という四つの手順を踏みます。

まず、区分所有者及び居住者全員に情報を周知するため、それぞれの段階で組織を設置します。ある程度、情報収集ができたら、専門家の協力を得て、各段階での必要な手順や情報に漏れがないかを確認します。また、各段階で区分所有者及び居住者による検討や意見をまとめ、情報発信を行います。これは、合意形成への理解を得るのに有効な手段です。

このように、それぞれの段階で検討・意見調整等の合意形成を図っていくことが、最終的な建替えへの合意形成が円滑かつ効率的に運びやすくなるコツと言えます。なお、合意形成が円滑になる具体的なポイントについては、118頁「合意形成の三つのポイント」を参照して下さい。

合意形成に向けての三つの段階

準備段階　区分所有者の有志で情報収集、勉強段階

↓

検討段階　管理組合が「建替え推進決議」を行う

↓

計画段階　管理組合が計画組織を設置し、建替え計画の策定を行う

三つの段階で踏む四つの手順

組織の設置

↓

専門家の導入

↓

検討・意見の調整

↓

各段階における合意

← 準備・検討・計画
三つの各段階で
手順を踏む

Point

- 理事だけでなく、多様な環境、属性の区分所有者に勉強会に参加してもらう。
- 各段階での組織づくりには、理事以外の区分所有者にも参加してもらう。
- 組織に入っていない区分所有者にも情報がいきわたるよう工夫をする。
- 各段階で、区分所有者の合意を得ながら次の段階へ進む。

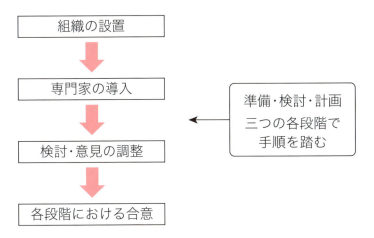

2 準備段階① 有志による勉強会

勉強会の発足

建替えのきっかけは、一般的に区分所有者の有志が発意し、その有志が他の区分所有者へ呼びかけ、勉強会を発足するところから始まります。有志による勉強会とはいえ、理事会の支援により、多くの区分所有者が参加できるよう、働きかけることが望まれます。

例えば、理事会が区分所有者へのアンケート等で建替えに関する意識調査や、有志による勉強会を理事会主導または共同設置する等して、区分所有者への意識付けをしていく方法等があります。

情報収集

次に、有志の勉強会を中心に情報収集をしていきます。まずは、修繕履歴や既存図面の確認等、マンションの現状を把握します。

そして、建替え方法の種類、進め方、建替え事例、当該マンションの法規制等を調べます。建替え事例は、当該マンションと条件が似たものが望ましいですが、全ての条件が同じではなくても、参考になる事例をたくさん集めましょう。

もし区分所有者の中に建替えの専門家がいれば、専門的知識や情報が得られる可能性があります。ただし、準備段階では、報酬等が発生しない程度にしておきましょう。それは、報酬が発生することで、建替えに賛同しない区分所有者等からの問題提起を受けたり、一部の区分所有者に負担がかかる恐れがあるためです。

なお、外部の専門家を勉強会に呼ぶ場合は、謝礼等を管理組合から捻出することも可能ですが、そのことを区分所有者に十分周知し、認知してもらうことが重要です。また、参加希望者がいれば参加できる体制にしておきます。あくまで有志のみの勉強会の場合、経費は有志達の自己負担と考えておくと良いでしょう。

準備段階①

勉強会

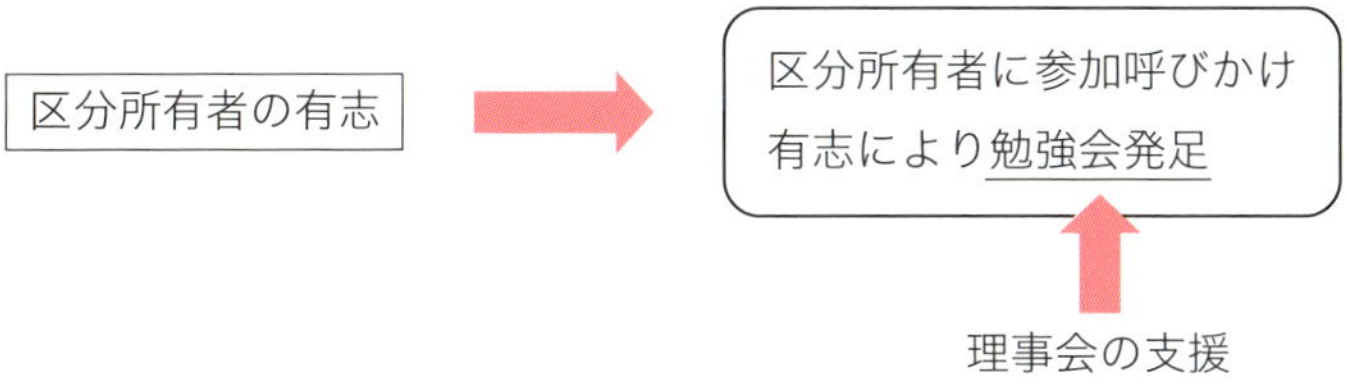

※理事＋その他の区分所有者（多様な属性が望ましい）

Point
・この段階では基本的に費用をかけない。勉強会の会場代やお茶代等は有志の人達の自己負担と考える。
・いつでも区分所有者が参加できる体制とする。

情報収集

○既存マンションの情報
・修繕履歴のチェック
・既存図面（確認申請図書等）の確認

○条件整理
・建替え方法の種類、進め方
・建替え事例（当該マンションの条件に似た事例をいくつか集める）
・現状の法規制の確認（当該マンションの土地の条件）
（区分所有者に専門家がいれば協力要請も考慮）
・修繕・改修の方法とおおよその費用

○建替え後のマンションのイメージ
・最新のマンション設備、共用設備
・地域との関係

○情報収集媒体
・行政等が発行するリーフレット、書籍、新聞、インターネット、セミナー等

3

準備段階② 基礎的な検討

建替え後をイメージする

有志による勉強会で収集した情報から、この建物で建替えが必要な理由や、どのようなマンションにしていきたいかをイメージします。具体的には、勉強会の参加者同士で建物や生活環境について不満や問題点を話し合い、これらが改善される建物について情報を共有していきます。この際、新しい技術や設備、新築マンションの情報等があるとより具体的なビジョンが作りやすいでしょう。また、最も気になる費用負担についても、おおよそでもいいので、把握しておきましょう。

さらに、建替え後の床面積がどのくらいになるのか、どのような建替えなら実現可能か等の予測を立てておきます。例えば、容積率によって現状より床面積が減少したり、日影規制で階数を減らさなければならない場合、できるだけ床面積を増やす方法を検討します。ただし、この時点では、建替えありきではなく、修繕・改修との費用対効果や現状への不満、問題点を解決する方法が他にないかも模索しながら、建替えの必要性について検討していきます。

勉強会で得た情報を周知

この準備段階では、有志による勉強会の参加者以外の区分所有者や居住者と意見を交わす段階には至っていませんが、建物の現状、建替えの必要性、建替え後のマンションのイメージや、活動状況等を勉強会の都度、理事会や区分所有者に報告しましょう。

区分所有者や居住者への周知は、理事会との協力体制によって、チラシや冊子等に取りまとめ、場合によっては電子メールやSNSも活用して漏れのないように周知します。このような定期報告が、他の区分所有者の不安や不満の解消につながり、後々の合意形成がしやすくなります。

準備段階②

建替え後のイメージをつかむ

現況の不満や問題点 ➡ 解決される建物はどのようなものか？

・竣工当時と最新の技術の違いは？
・最新の設備はどのようなものか？

法規制等のチェック ➡ 現行の法規制等で床面積はどのくらいになるのか?

・現在の容積率の確認
・日影規制等、竣工当時にはなかった規制等がないか？

建替えの必要性 ➡ 修繕・改修との比較

・費用対効果の検討
・不満や問題点の解決方法

勉強会が理事会、区分所有者及び居住者に周知するポイントと流れ

①現在のマンションの状況、不満、問題点
②建替えを必要とする理由と建替え後のイメージ
③建替え以外の修繕、改修による改善の可能性
④建替えの進め方、考えられる課題と解決方法　等

↓

チラシ、冊子等で区分所有者や居住者に周知
※後に理事会に提出する資料づくりとしても活用

↓

勉強会に参加していない区分所有者の不安、不満の解消

↓

情報共有により、区分所有者や居住者の関心か高まる

4 準備段階③ 管理組合での検討と合意

管理組合に提起

有志による勉強会は、管理組合の総会（集会）に議案として提案する発議権を持っていません。そのため勉強会のメンバーは、理事会に「管理組合として検討組織を設置し、建替えの検討に取り組むべきである」という問題提起を行います。その際、勉強会で情報収集し、検討した内容を取りまとめた資料等を提出します。

これらを受け、理事会が建替えの検討が必要であると認めた場合は、議案を取りまとめ、管理組合の総会を招集し提起します。この総会で円滑な議決を導くためには、先に全区分所有者にマンションの現況や建替えの必要性、イメージ等について、簡潔に取りまとめた資料等を配布し、説明会等を開催します。

総会で議決を受けるべき事項

管理組合の理事長等が総会の議事として提起し、議決を受ける必要があるのは、次の2点です。

①建替えの必要性や建替えの構想等を検討する「組織の設置」に関する事項

②建替えの必要性や建替えの構想等の検討に要する「資金の拠出」に関する事項

①の検討組織の設置は、総会で普通決議（区分所有者及び議決権の過半数）の承認で設置することができます。

②の検討資金の拠出については、管理費から拠出する場合は、普通決議（区分所有法第39条）で決議します。また、修繕積立金から拠出する場合は、それぞれのマンションの管理規約を確認し、管理規約に「修繕積立金の使途」について明記されていない場合は、先に管理規約の改定が必要です。この改定は、総会で特別決議（区分所有者及び議決権の各4分の3以上）の承認が必要になります。

準備段階③

建替えの検討の提起

有志による勉強会　（管理組合総会への発議権なし）

↓ 勉強会で検討した内容を資料にまとめ提出

理事会　資料をもとに検討

↓ 建替えの検討が必要であると認めた場合

説明会　資料をまとめ、全区分所有者に配布

↓ 建替えの必要性、建替え後のイメージ等の説明

理事長　総会招集

↓

管理組合　議事を提起

↓ 総会決議を行う

区分所有者　承認または否決

総会において議決を受ける提起

①建替えの必要性、構想等を検討する

「組織の設置」に関する事項

→普通決議　過半数の承認で設置することができる

②建替えの必要性、構想等を検討する

「資金の拠出」に関する事項

→管理費から拠出する場合、普通決議（過半数の承認）

→修繕積立費から拠出する場合、管理規約に「修繕積立金の使途」が明記されていなければ、

管理規約の改定（特別決議各 3/4 以上の承認）が必要

Point

- この段階では、修繕・改修の可能性も視野に入れて、どちらが合理的か、客観的判断ができる情報収集と情報共有を重視する。
- 全区分所有者にわかりやすい資料づくりを心がける。
- 管理規約の内容を確認する。

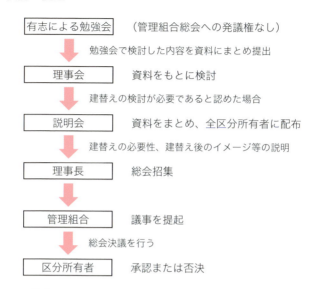

5

検討段階① 検討する「組織の設置」

検討組織の構成

総会において検討する「組織の設置」「資金の拠出」の承認後、管理組合として、正式に建替えの検討に入ります。そのため、理事会では、理事会の諮問機関として検討組織を設置する目的や役割について周知し、組織への参加者メンバーを募集します。

このメンバー選定は、区分所有者・外部区分所有者・法人所有者等、様々な立場、かつ、幅広い年齢層の方に加入してもらうとそれぞれの立場による不満や問題点を掴むことができます。

また、メンバーに建築等に詳しい専門家の区分所有者がいる場合、外部専門家に依頼した、業務内容や成果物を検証してもらえる可能性があります。しかし、特定の区分所有者に報酬が発生すると問題提起や反感等が出る恐れがあるので、原則、無報酬とすると良いでしょう。

ただし、極端に一部の専門家メンバーに負担がかかる場合は、区分所有者の同意を得て、報酬が発生することも考えられます。

この組織のリーダーは、区分所有者の中で信頼を得ている、また、得ることができる方を選定することが重要です。

開かれた運営を

そして、組織のメンバー選定後、組織に参加しない区分所有者には、会議を公開する等、誰もが参加しやすいオープンな運営とすることが、合意形成に向けた信頼関係を築くためのポイントとなります。

そのため、検討内容や会議予定日等は、全区分所有者に周知できるように工夫します。例えば、電子メール・SNS等の他、特に区分所有者に高齢者が多い場合、「広報誌」等を定期的に発行することが効果的です。また、外部区分所有者にも郵送等で情報が届くよう配慮します。

検討段階①

検討組織の設置

組織の目的………建替えと修繕・改修との比較をし、建替えの必要性を確認した後、管理組合として建替え計画の合意を得る

理事会が諮問機関である参加メンバーを募集

・オープンな運営、公募等で 10 ～ 15 人程度
・組織の目的や役割を周知

Point 建替え検討組織のメンバーには、区分所有者、外部区分所有者、幅広い年齢層等、立場の違う人を選定することで、広い範囲で不満や問題点を洗い出し掴むことが可能。

組織の運営………組織リーダーには、区分所有者から信頼を得ている人を選定
区分所有者に公開した会議
広報活動（SNS、電子メールも活用）
すべての区分所有者に情報が行き渡るよう紙ベース（広報誌等）での情報も効果的

Point
・組織のメンバー以外の区分所有者にもオープンな運営。
・検討組織で検討した内容、情報は全区分所有者に周知する工夫。
・外部区分所有者にも郵送等で情報を届ける。

修繕・改修計画の検討組織がある場合

①既存組織で建替え検討も同時に検討していく
→修繕・改修の方向性に固執しないよう注意
②別に建替えの検討組織をつくる
→理事会協力の下、修繕・改修の検討組織と連携

検討段階での修繕も計画通りに実施することが重要

6 検討段階② 専門家への依頼内容

中立的な立場の専門家を選ぶ

建替えの検討は、建替えに関する知識がない区分所有者だけで進めるには限界があります。区分所有者と一緒に、建替えか、修繕・改修かの検討から、全体の流れを通してコンサルティング業務を行う専門家が携わると進めやすいでしょう。

この専門家は、建替え経験のある、建築設計事務所、建築・都市計画系のコンサルタント会社等が該当します。事業協力者の選定への影響を考えると特定のデベロッパーとつながりのない、中立的な立場の専門家を選定することが望ましいでしょう。

総合一括依頼と分割依頼

専門家への依頼方法は、「総合一括依頼」「分割依頼」の大きく二つの方式に分けることができます。総合一括依頼方式は、検討組織が専門家に求める、「区分所有者のマンションに対する不満や問題点、改善ニーズ等の意向把握」「建物診断を行い、修繕・改修による改善の可能性について検討」「区分所有者の意向等を考慮し、建替えの事業性や構想の検討」「建替えと修繕・改修との比較検討」を総合して一括依頼する方式です。分割依頼方式は、建物診断や建替えの事業性等、専門性の高い業務のみを、より専門能力を有する者に分割して依頼する方式です。また、総合一括依頼方式を採用しながら、専門性の高い業務のみ再委託する併用方式もあります。

総合一括依頼方式は、総合的な判断や選定が楽である一方で、専門家の得意とする方向に誘導される可能性があり、分割依頼方式は、中立的に判断できる一方で、複数社を選定する煩雑さがあります。専門的知識を持つ区分所有者がいない場合、まずコンサルティング業務を行う専門家を選定し、一緒に進めていく、総合一括依頼方式が現実的でしょう。

検討段階②

専門家への依頼

建替え成功事例の多くは初期にコンサルタント等の専門家に依頼しているケースが多い。

専門家の役割
①区分所有者のマンションに対する不満や問題点、改善ニーズ等の意向把握を的確に行うための専門的支援
②建物診断を行い、修繕・改修による改善の可能性についての検討
③建替えの事業性、区分所有者の意向等を判断しながら、建替えの構想を検討
④建替えと修繕・改修との比較検討に対する専門的支援

依頼方式

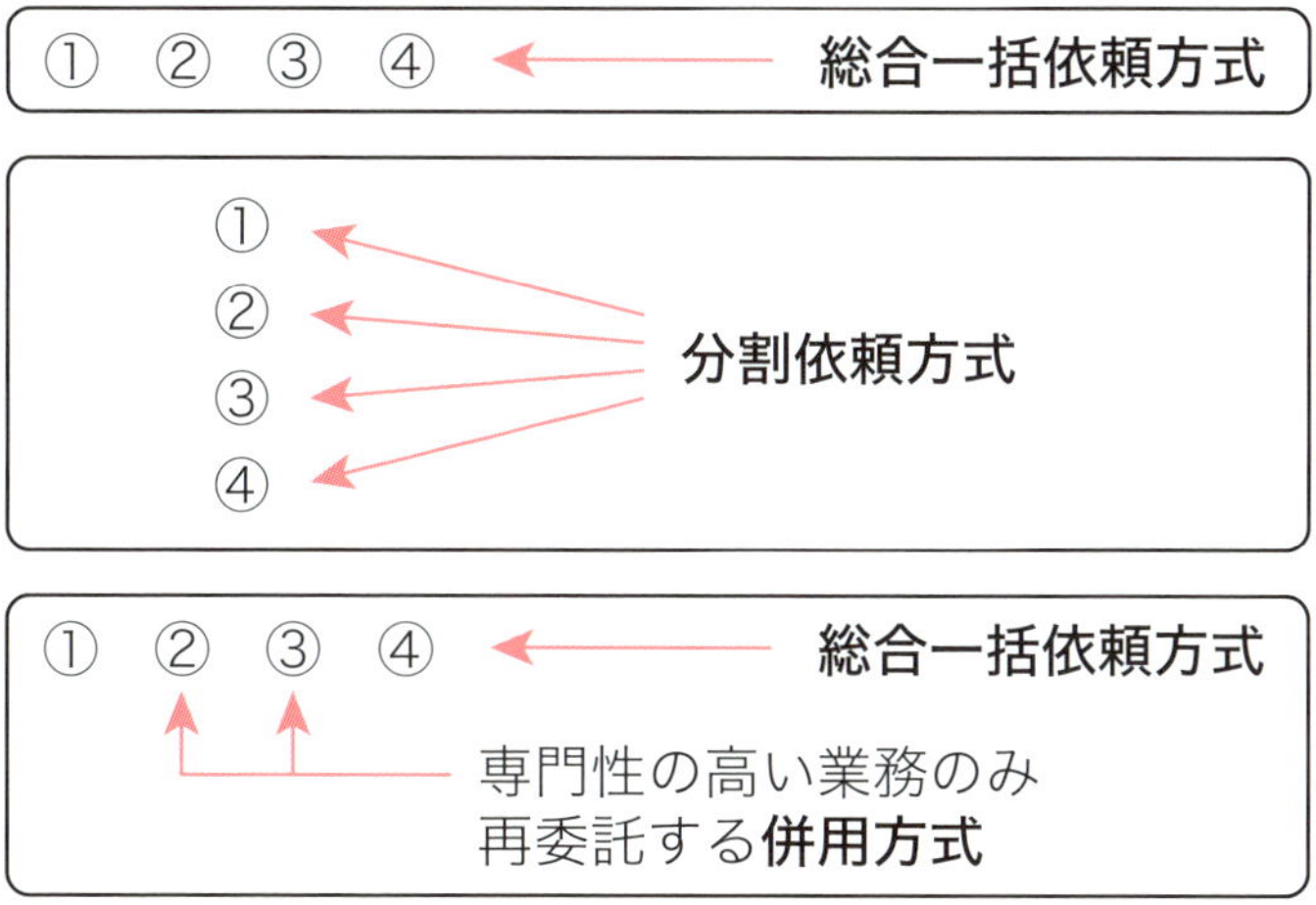

Point
・マンション建替事業には、多数の専門家の協力が必要。
・協力が必要な事項をまとめ、どのような専門家を選出するか確認する！

7 検討段階③ 建替えか修繕・改修かの意向を把握する

専門家の選定方法

専門家への依頼方式が決まれば、具体的に専門家の選定をしていきます。選定方法には、①建替えを経験した管理組合等からの推薦、②公募条件、選定方法等を決め業界紙で公募、③地方公共団体から情報提供を受ける等があります。

区分所有者・居住者のニーズを聞く

この選定された専門家の協力のもと、建物の現状、区分所有者・居住者の不満や不安、改善ニーズ等を把握していきます。区分所有者等の不満等の把握には、不満の声が聞き出しやすい設問や項目等の工夫をしたアンケートを実施します。回収率100%を原則とし、回収できなかった区分所有者には、電話や直接訪問等で対応します。内容によっては、詳細なヒアリングが必要になる場合もあるでしょう。

過去の建替え事例を見ると、検討する組織メンバーやコンサルタント等の専門家が、一軒一軒、訪問したケースもあります。それは、検討の早期段階で、区分所有者等の不満等を把握し、その時点で解消していくことが、後々の合意形成の推進につながるためです。

また、建替え後、どのような生活をしていきたいか、区分所有者等のニーズの把握には、建替え事例を参考にしながら、建替え後、実現する専有部分や共用部分、コミュニティ形成等の資料を作成し、建替えによる様々な可能性を提示すると良いでしょう。この時点では、修繕・改修によって、老朽化の対応や区分所有者等のニーズがどこまで実現可能か、概算費用はどの程度なのかも同時に検討しながら、建替えと比較検討できる準備をしておきます。この準備のための診断で「耐震性不足」と認定を受ければ、建替えへと方向性が確定していくことになります。

検討段階③

専門家選定の流れ

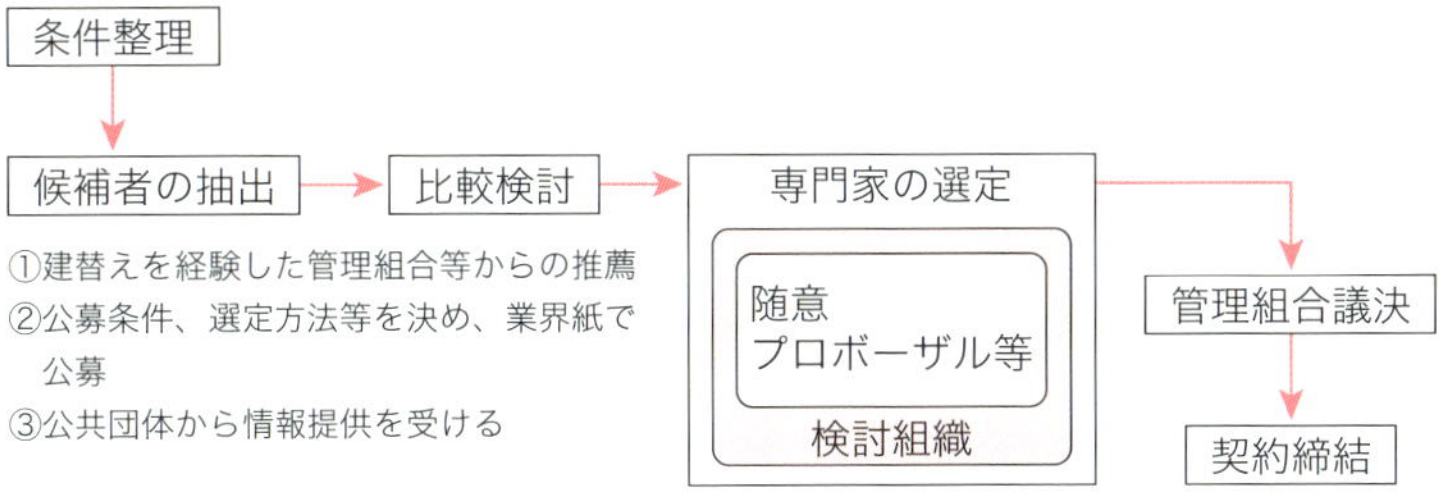

建替えか修繕・改修か判断するまでの流れ

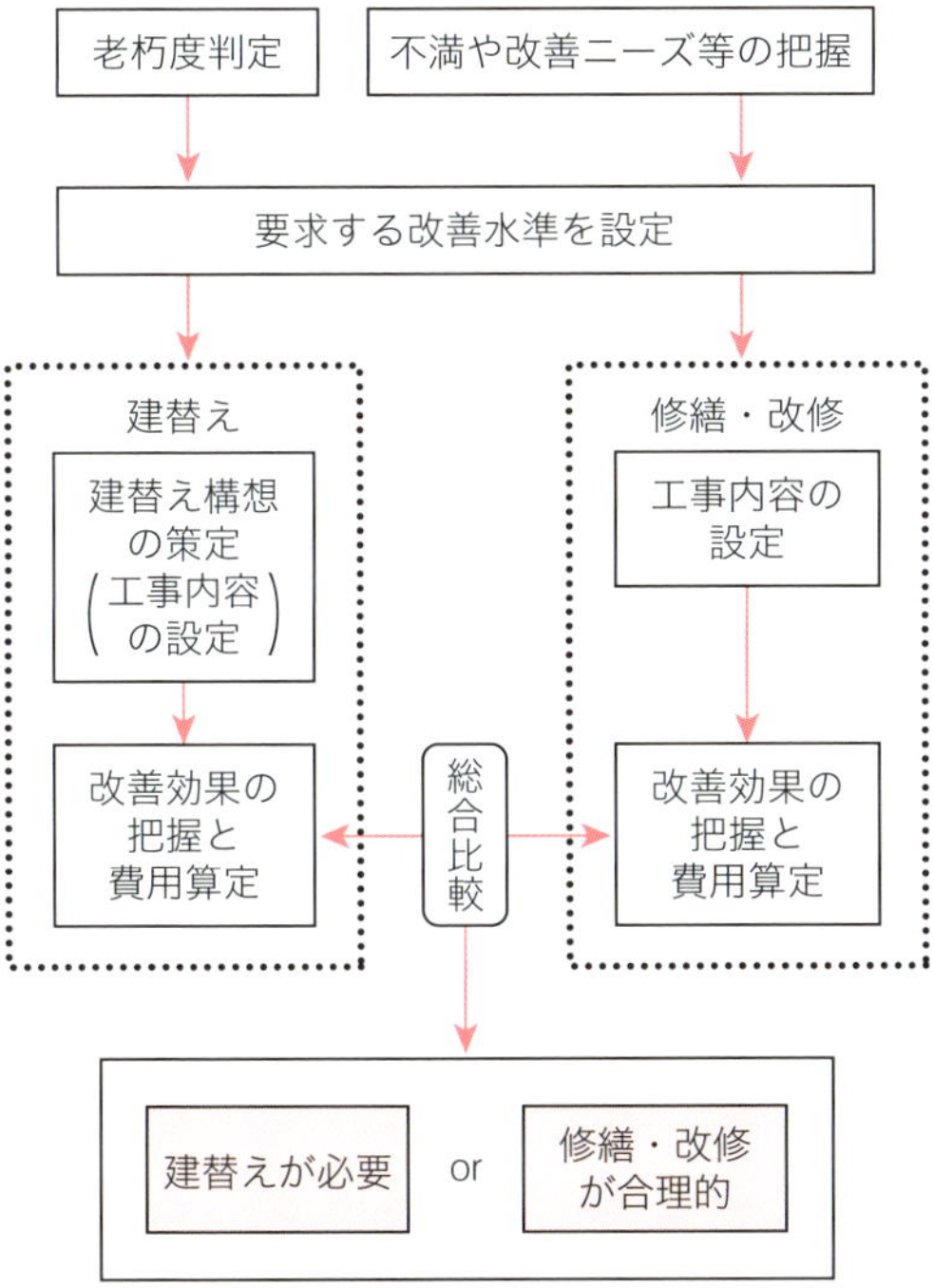

（出典：国土交通省「マンションの建替えに向けた合意形成に関する マニュアル1」p.18）

8 検討段階④ 建替え推進決議

建替え構想の概要を周知

建替え推進決議とは、「管理組合として本格的に建替え計画に向けて検討する」ことを理事会が総会議案として提起し、決議を行うことです。この建替え推進決議は、区分所有法等の法令で定められた手続きではありませんが、計画段階における組織の設置や、費用の拠出等の各段階において、区分所有者の総意を確認しておくことは、後々の合意形成の推進につながります。

まず、検討組織は、検討した成果、①建替えの必要性（修繕・改修との比較）、②建替え構想の内容（外部空間の整備方針、配置計画、建物計画、施設・共用部分計画、事業性の検証、専門家・事業協力者の参画等）を取りまとめ、建替えへの理解が得られるよう検討結果を区分所有者に説明会等で随時報告します。ただし、この段階での計画等は変更・調整の可能性があることについて、区分所有者の理解を得ておきましょう。

理事会に提議

大多数の区分所有者の理解が得られてきた段階で、理事会に「建替え決議に向けて本格的に検討を行うべきである」との提起をします。理事会はこの提起を受け、総会（集会）を招集し、「建替え決議に向けて本格的な建替え計画の検討を行う」ことを決議します。この決議要件に決まりはありませんが、建替え決議の前段階として、特別決議であることが望ましいでしょう。それは、区分所有者が概ね賛成している状況でないと、建替え決議に向けた本格的な検討や、より厳しい建替え決議の各5分の4以上の賛成を得ることは難しいからです。なお、検討組織が、建替えの検討ではなく修繕・改修が相応と判断する場合は、「修繕・改修による改善の検討を行うべきである」との提起を行います。

検討段階④

建替え推進決議

区分所有法等の法令で定められている手続きではないが、建替え決議に至る合意形成を着実に高めていくため、管理組合の総会（集会）における建替え推進決議に際しては、特別決議（区分所有者及び議決権総数の各 4 分の 3 以上）とすることが望ましい。

決議前に説明会を開催

建替え推進決議前に提示する資料
①建替えの必要性（修繕・改修との比較結果等）
②建替え構想（外部空間の整備方針、配置計画、建物計画、施設計画・共用部分計画、事業性の検証・採用する事業手法、専門家・事業協力者の参画 等）

建替え推進決議の流れ

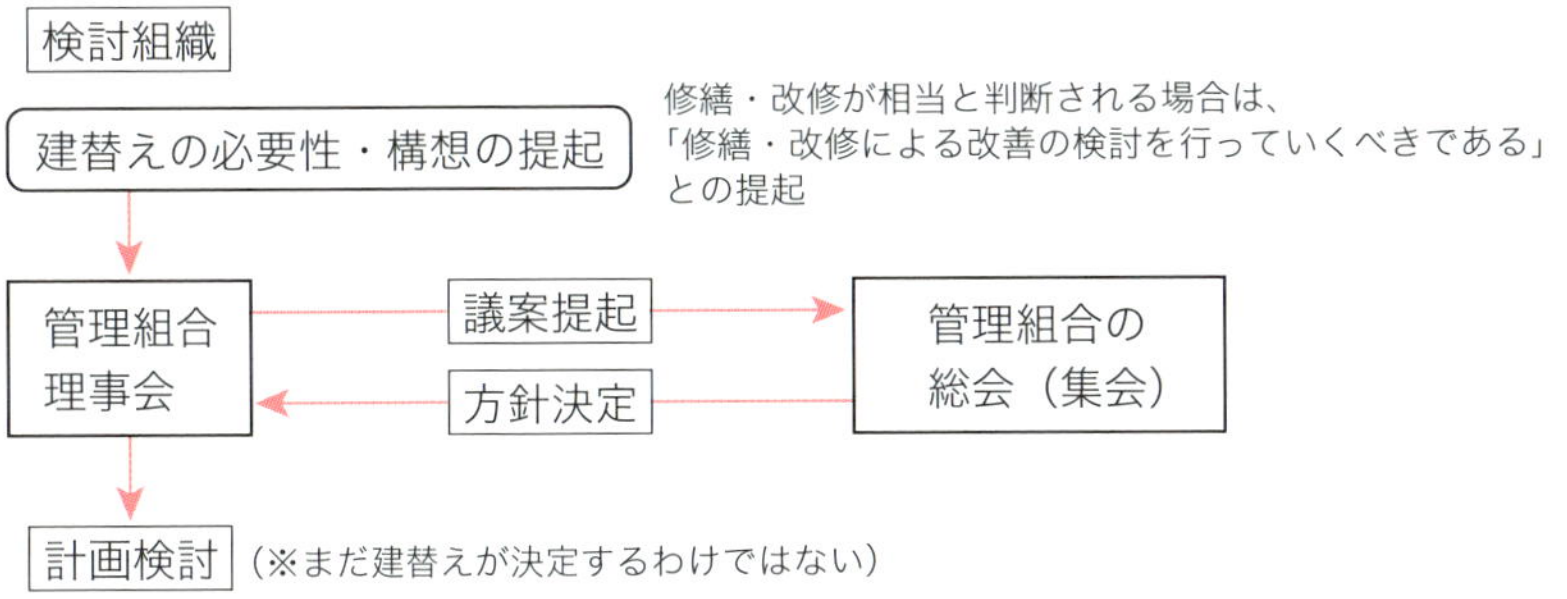

検討段階での総会決議事項

①建替え計画について、計画する「組織の設置」に関する事項
②建替え計画の検討に要する「資金の拠出」に関する事項

> **Point**
> 建替え推進決議は、
> ・法的に定められた決議ではないが、後々の合意形成の推進のため行う！
> ・大多数の区分所有者の理解が得られた段階がベスト！

9

計画段階① 計画組織の設置

多様なメンバーで構成

管理組合の総会で建替え推進決議の承認を受けて、具体的に建替えの計画を検討する計画組織（建替え計画委員会等）を設置します。検討組織と同じく、理事会の諮問機関として設置されるのが一般的で、管理組合との関わり方について、設置運営細則を定めます。計画組織のメンバーには、検討組織と同じく、公募等によって様々な立場や年齢層の区分所有者がメンバーに含まれるようにします。また、検討組織のメンバーが計画組織のメンバーとして参加する場合、主観にとらわれず、持っている知識を新しいメンバーと共有しましょう。建替えに成功している事例では、非賛成者がメンバーに入っているケースもあります。

さらに、円滑な決議に向けて、理事長や理事も加わるか、定期的に理事会と計画組織の合同委員会を開催する等の配慮をします。計画組織のリーダーは、区分所有者からの信望が厚く、行政や近隣住民等の交渉等、対外的にも信頼できる人を選出しましょう。リーダーが建替え決議に向けて、様々な考え方の区分所有者の意見をまとめ、いかに根気強く取り組めるかが、建替えの成功に大きく影響します。専門家や事業協力者の選出は、計画案の内容は当然ながら、個々の区分所有者にどれだけ丁寧に対応してくれるかが重要です。

検討内容の周知

計画組織等の会議予定、内容等は、定期的に「広報誌」等を作成し、区分所有者全員に発信しましょう。会議は、区分所有者の誰もが話を聞けるようオープンな運営にすることで信用につながります。また、アンケート等で得られた建替えに対する強い要望や反対者の意見が解消できるような、建替え事例の見学会等を企画するのも良いでしょう。

計画段階①

計画組織の設置

組織の目的………専門家の協力を得ながら、区分所有者の合意形成を図り、最終的には建替え決議を成立させること

Point
・非賛成者に参加してもらうことも、合意形成に向けて有効。
・理事長や理事が計画組織にメンバーとして加わったり、定期的に理事会と計画組織の合同委員会を開催する等、適切なコミュニケーションを図る工夫が必要。

計画組織のリーダー像

・組織のリーダーは、区分所有者からの信望 が厚く、対外的にも信頼を得ることができる人を選ぶことが重要

計画組織の運営

・設置運営細則には、計画組織と管理組合の関わり方を明記する
・組織に参加していない区分所有者に対しても会議は公開とし、誰もが話を聞けるような、オープンな運営とする

情報共有

・計画組織が検討している内容や会議予定等については、計画組織の「広報誌」等を定期的に作成し、区分所有者全員に情報発信していく
・広報誌の位置づけ

区分所有者の意向把握

・アンケートで現状の区分所有者の意向、不満を把握
・建替え事例の見学会等の企画も有効

Point
計画組織のメンバーに非賛成者が加わることで、非賛成者の不満や不安を掴むことができる！

10 計画段階② 事業協力者の選定

事業協力者をどう選ぶか

検討段階で選定した専門家の協力を得ながら、事業協力者の選定を行います。事業協力者とは、具体的な建替え事業の提案（プレゼン）をし、選定後、区分所有者の権利整理、行政や近隣住民等との交渉等も担いながら、事業を進めるための業務を行う者を言います。

選定前には、検討段階での条件を整理し、選定方法を決めておきます。例えば、建替え計画の中で、容積率の増加等で余剰面積が生まれる可能性がある場合、販売力を持つ事業協力者（デベロッパー等）の協力は必要不可欠でしょう。また、最終的な事業協力者の選定にあたっては、計画組織が選出した候補者を総会承認で決定するのか、区分所有者の投票等で選定するのか決めます。まずは、専門家の推薦や、建替えを成功させたマンションの管理組合・区分所有者等からの紹介で候補者をリストアップします。その中から相応しい事業協力者を、随意方式またはプロポーザル方式で選定していきます。

随意方式とプロポーザル方式

随意方式とは、推薦等の候補者の中から随意に契約を結ぶ方式です。随意方式は、短期間で選定できるため、具体的な計画にすぐに入ることができますが、選定理由を明確に説明できなければ、不信感につながりかねません。

プロポーザル方式とは、候補者の中から競争によって選出する方式です。透明性ある選定のためには、予め評価基準を定め、公表しておくと良いでしょう。また、区分所有者から、関係する業者を選定するようお願いされる可能性もありますが、公平性、透明性を維持するために、随意方式ではなく、プロポーザル方式の候補者として参加してもらう等の配慮をすると良いでしょう。

計画段階②

事業協力者の選定

検討段階で選定した専門家に引き続き、合意形成に向けての協力を得ていくのが望ましい。

専門家の役割

①建替え事業の進め方を計画組織にアドバイスする等、区分所有者の合意形成を支援する。
②建替え計画・事業計画等を作成する。
③事業協力者（デベロッパー等）の選定について支援する。
④法律や税務等、専門領域に関する情報提供や助言を行う。

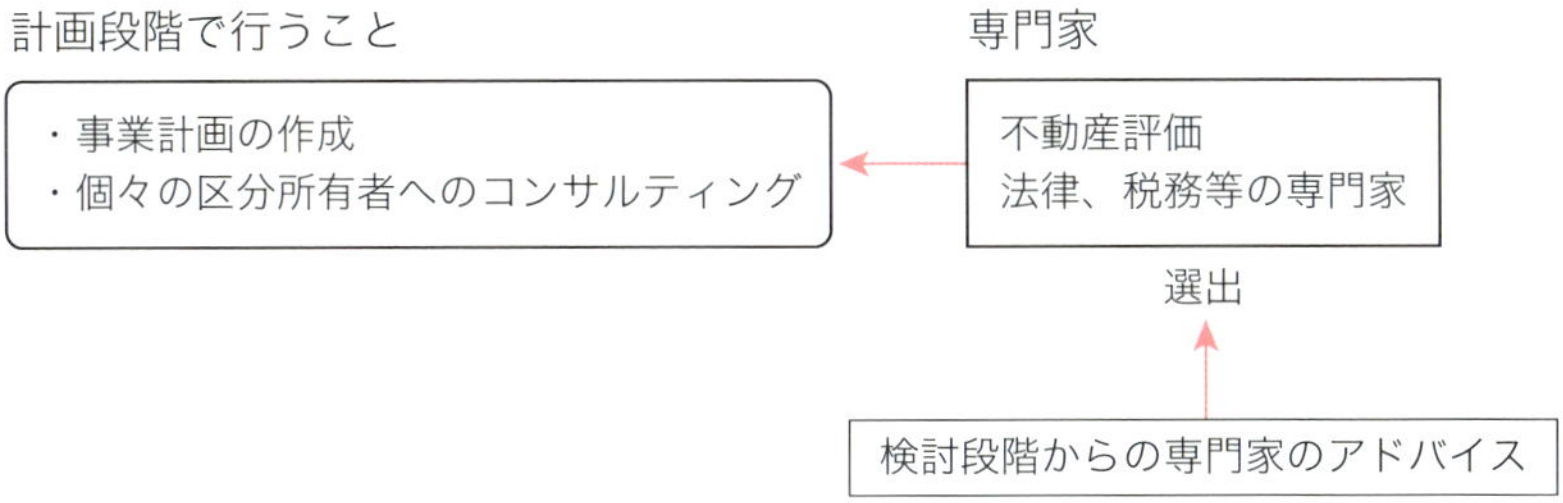

計画段階における専門家及び事業協力者の選定プロセス

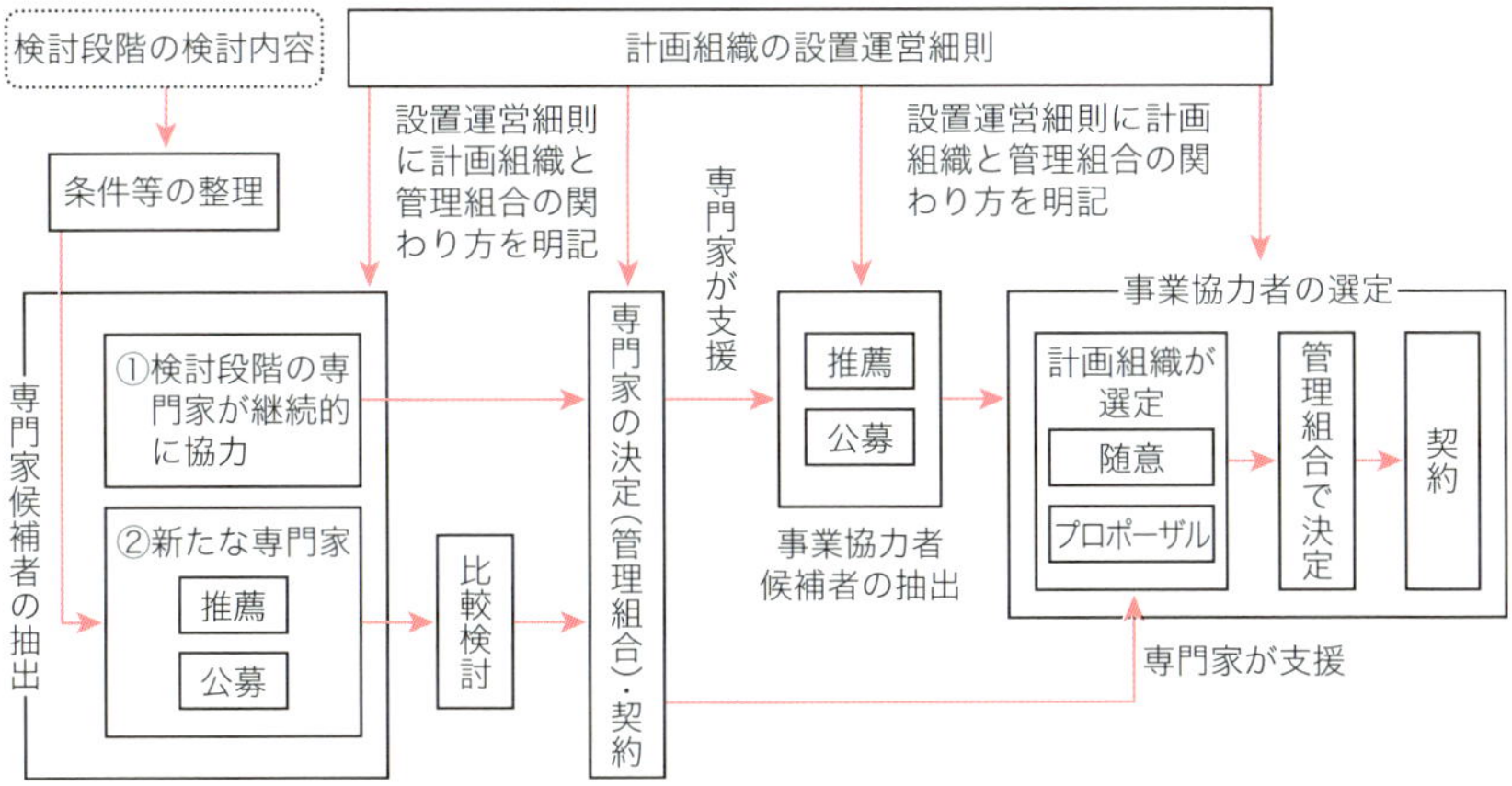

（出典：国土交通省「マンションの建替えに向けた合意形成に関する マニュアル1」p.29）

11 計画段階③ 区分所有者の意向と建替え計画の調整

区分所有者との調整

建替え決議に向けて、説明会で計画案を提示し、それに対するアンケート調査やヒアリング等を通して、区分所有者の要望や意向を把握し、計画の調整、修正を繰り返し行います。このアンケート調査やヒアリング等は、区分所有者同士のコミュニケーションや信頼関係を大切にするため、計画組織メンバーや理事が主として行うと良いでしょう。具体的には、マンション全体の計画案を見ながら、各区分所有者の住戸面積、間取り、位置、階数、費用負担等について聞き取りをします。個々の全要望を取り入れるのは難しいですが、それぞれが絶対に譲れない優先順位をつけてもらうと良いでしょう。これらの要望等を受け、計画の修正がある時は、必ず公開の場で意見交換を行います。

また、非賛成者の対応は、無理に説得をせず、良好なコミュニケーションを心がけます。賛成と非賛成が対立することだけは避けるようにしましょう。非賛成者の中には、表向きは違う理由で反対していても、経済的な負担が関係している場合もあります。経済的要因や同じ区分所有者には言いづらいプライバシーに関する事情等は、専門家や事業協力者が聞きとるのが望ましいでしょう。

行政・近隣との調整

また、総合設計制度の容積率緩和や補助金制度等、行政との交渉では、専門家が重要な役割を担います。さらに近隣住民への説明会等には、計画組織が専門家とともに出席すると良いでしょう。建替え事業は「まちづくり」と近隣住民に理解されることも、建替え後の関係において重要です。計画組織と専門家、事業協力者がそれぞれの役割を確認しながら、合意形成へ向けて調整を行っていきましょう。

計画段階③

建替え決議に向けて、区分所有者の意向に沿った建替え計画の調整と修正を繰り返す

区分所有者の個々の状況、意向の把握

建替えの希望	希望する	希望の時期
	希望しない	理由

希望しない者の希望	どのような条件なら賛成するか
	参加しない場合の具体的希望（売却）

建物計画	・外観イメージ（色彩、ボリューム） ・高さと敷地利用（高層でまとまった空地、中層で屋上緑化等） ・個々の希望住戸（面積、間取り、位置、階数、方位、仕様） ・共用施設・設備（集会施設、キッズルーム、ゲストルーム） ・駐輪場、駐車場、バイク置場の希望台数 ・外構計画（空地、緑地、公園、庭園）

資金負担	・費用負担の可能額 ・住戸面積（希望面積、増床希望） ・資金負担なし、減床希望

仮住戸の希望	・斡旋、紹介を希望するか ・希望する地域、広さ、予算 ・公的な住宅の利用を希望するか

Point

- 建替えに対する要望や意向等は、同じ区分所有者である計画組織メンバーや理事がヒアリングする方が本音を聞き出しやすい。
- 経済的事情やプライバシーに関することは、第三者である専門家や事業協力者がヒアリングする方が本音を聞き出しやすい。

12

計画段階④ 建替え決議

建替え決議で定める四つの事項

建替え計画の内容がほぼ固まり、それに対する区分所有者の理解が得られると、いよいよ建替え決議に進みます。この建替え決議は、総会での特別決議で区分所有者及び議決権の各5分の４以上の賛成が必要です（区分所有法第62条）。建替え決議の総会（集会）に至る手順については、28頁を参照して下さい。

建替え決議では、次の四つの事項を定める必要があります。①新たに建築する建物の設計概要、②建物の取り壊し及び再建建物の建築に要する費用の概算額、③費用の分担に関する事項、④再建建物の区分所有者の帰属に関する事項。

③費用の分担については、どのような割合で分担するかルールを定めておきます。④新しい建物の区分所有者の帰属については、事前調査により建替え参加者の希望住戸を計画することが理想的ですが、希望者が重複した場合、例えば抽選を行う等の選定ルールを決めておきましょう。その他、事業方式、参加組合員・専門家の参画、選定方法や建設会社の選定方式、建替え不参加者への売渡請求の方法についても定めておくと良いでしょう。

決議前の周知徹底を

この建替え決議が成立すると、反対した区分所有者に対し、賛成した区分所有者が売渡請求する権利が与えられます。一方で、建替えに反対した区分所有者は、区分所有権と敷地利用権を時価で売り渡し、転出しなければなりません。総会で成立しやすくするためには、建替え決議前に決議の意義や成立後の手続き等を区分所有者全員に周知徹底すること、説明会やアンケート調査等で、最終的な賛成・反対者の割合や成立しやすいタイミング等を専門家と共に掴んでおくことが挙げられます。

計画段階④

建替え決議（※第 2 章「建物の区分所有等に関する法律」p.28 参照）

タイミング

・建替え計画の内容がほぼ固まる
・ほとんどの区分所有者の理解が得られる
→どうしても非賛成の区分所有者がいる場合、少数(1/5)以下であれば、理論上は建替え決議に進むことが可能

建替え決議の実施を目的とする総会（集会）を招集

集会の開催日の2か月前までに招集通知を発する
（2か月を伸長することはできるが、短縮はできない）

招集通知に記載する事項

①建替え決議で定める四つの事項（区分所有法第 62 条 2 項）

・新たに建築する建物の設計の概要
・建物の取り壊し及び再建建物の建築に要する費用の概算
・前号に規定する費用の分担に関する事項
・再建建物の区分所有者の帰属に関する事項

②説明会を開催し説明する事項（区分所有法第 62 条 6 項）

・建替えを必要とする理由
・建物の維持または回復をするのに要する費用の額及び内訳
・建物の修繕に関する計画が定められているときは、当該計画の内容
・建物につき修繕積立金として積み立てられている金額

総会（集会）の開催日の1か月前までに上記の事項について説明会を開催する

区分所有者及び議決権の各 4/5 以上の賛成により建替え決議成立

↓ 建替え決議をした総会（集会）の議事録には、各区分所有者の賛否を記載する

非賛成者への催告と売渡請求手続き

13 合意形成の三つのポイント

①建替え後のビジョンの共有

建替えが必要な理由、建替えによって現状の問題がどのように解決し、暮らしに変化があるのか等のビジョンを共有することが重要です。特に高齢者は、現状維持でいたいという傾向があるので、建替えによるメリット・デメリットを具体的に説明し、不安要素を解消します。その際、建替え後の建物、人間関係、コミュニティの変化等についても共有しましょう。

②勉強会・見学会の実施

ビジョンを共有するためには、誰もが参加しやすい勉強会や、建替えに成功したマンションの見学会等を企画すると良いでしょう。見学会の運営にあたっては、専門家と相談しながら、見学可能な管理組合等に依頼をします。その際、建替えでの不安、問題点の解決手順や方法、建替えで得られたこと等、建替えを成功に導いた理事や区分所有者等の話を直接聞ける場を設けると、より具体的なイメージをしやすいでしょう。また、見学会に参加できなかった区分所有者には、レポート等で情報共有します。

③コミュニティ形成

勉強会等を通して、区分所有者や居住者同士が、建替えで実現したいこと等を話し合い、建替え後のビジョンの共有をしていきます。しかし、高齢者が多いマンションでは、勉強会等への参加が難しいケースもあるでしょう。この場合、気軽にお茶でも飲みながら、世間話ができる場をつくることから始めるとよいでしょう。人間関係が構築されてくると、建替えに対する不安や問題点等も、話しやすくなるものです。

また、建替えの事例を見ると、女性が中心となって、コミュニティ形成をしていくと成功するケースが多いように感じます。

合意形成の３つのポイント

建替え後のビジョンの共有

・建替えによって、現状の問題がどのように解決するか
・個々の生活がどのように変化するか
・メリットだけでなく、デメリットについても説明
・デメリットの部分は不安を解消できるよう丁寧に説明
・区分所有者の不安の声があれば、できる範囲で解決策を提起し、不安要素を解消

情報共有

・誰でも参加しやすい勉強会の実施
・建替え事例のマンションの見学会等の企画
（専門家に相談しながら、当該マンションに合った、事例マンションを選択）
・建替えを成功させた管理組合の理事や区分所有者の話を聞く機会を作る
・見学会等に参加できなかった区分所有者にも、レポート等で情報共有する

居住者同士の信頼

・勉強会等への積極的な参加が難しい高齢者への配慮
→気軽にお茶を飲みながら話ができる場を設ける
・女性（年齢層を限らず）を中心にコミュニティをつくる
・経済的な問題、資金面等は区分所有者同士では話しづらいため、外部の専門家や事業協力者にまかせることも有効
・準備段階での組織や理事会等、一部の者だけで話が進んでいる印象を持たれないよう、オープンな運営を心がける
・情報を共有し、意向を把握するためのアンケート調査や説明会はこまめに実施する

interview ▷建替え 経験者に聞く

オーベル グランディオ 萩中

元建替組合理事長　北畠宏 氏

「萩中住宅」は、都住宅供給公社の 35 年償還の分譲住宅として 1968 年に東京都大田区萩中に竣工。8 棟 368 戸の団地を平成 18 年 3 月 534 戸の「オーベルグランディオ萩中」へと建て替えられました。

——建替えを検討したきっかけを教えて下さい。

35年償還の長期分譲だったため、管理組合はなく、自治会のみでした。修繕は公社が中心となって行っていましたが、修繕積立金も少なく、管理費も簡単に値上げもできないという状況の中で、繰り上げ償還し所有権を移転、管理組合を設立しました。大きな工事の時は借り入れを起こしていました。自主管理をする中、配管の傷み、設備の老朽化があり、水漏れ、濁りも出てきました。ガス管にも問題がありました。調査をしていくと、施工状況も良くないことがわかり、耐震性を含めこのまま修繕だけでは対応できないだろうと、日常の管理組合活動からの発意で建替え準備委員会を設立しました。

——建替えについて様々な意見の方がいらっしゃったかと思いますが、どのように意見をまとめていかれたのでしょうか。

8棟ありましたが、管理は全体で行ってきました。各棟に代表を選び、棟単位で意見交換、討論をする形をとっていました。ほとんどの区分所有者は建替えが必要なのは理解していたと思いますが、経済的負担の事情のある人や高齢・病弱で引越しが負担になる人が反対していました。プライベートな言いにくい理由は表に出てこないのです。反対者の方たちの対応は主にコンサルタントや事業者にお願いしました。

——区分所有法が改正されて合意形成はどうでしたか。今回の法改正後だったら、より合意形成が有利になっていたと思いますか。

1回目の建替え決議は不成立でしたが、区分所有法改正を待って、再度建替え決議を行い、8棟全て5分の4以上、全体の91％の賛成で決議が成立しました。

左：建替え前、右：建替え後

今回の改正は老朽化した建物に関しては有効だと思います。団地に関しては、棟ごとの合意割合は考えてほしいですね。戸数の少ない棟で3分の2以上の賛成は難しい場合もあります。最終的な建替え決議が成立したのは、コンサルタントを決めてから約6年後、当時はやっと円滑化法が見えてきたという状況でした。最初から円滑化法があれば、当然違っていたと思います。

――8棟もある団地での情報共有はご苦労も多かったと思いますが、方法や工夫した点がありましたら教えて下さい。

建替え前は、月一回はもちろん、臨時で会議があった時は新聞を作って配布していました。当時は手書きでした。現状どうなっているのか、どんな問題があるか等、情報の共有化は普段の管理の中でも重要です。マンション管理においては、広報活動は重要です。

――仮住まいを不安がる声等ありませんでしたか。

ほとんどの区分所有者さんは自分で探してくれました。円滑化法による都営住宅への入居利用もありましたが、数としてそれほど多くはありませんでした。

たまたま取り壊し予定の社宅を借り上げることがで

きたので、リフォームをして40世帯程入居しました。高齢者の方はご近所同士で暮らせるということで安心につながったと思います。

――建替えを検討・推進する中で印象に残っているエピソードや苦労した点があれば教えて下さい。

総合設計制度を採用したので、近隣１２００件の同意を得るために半年かかりました。しかし、昔からの近隣との関係があるので、新築の建物ほどの反対はなかったと思います。竣工時には、近所の商店街で祝福の垂れ幕が出たほどです。

――建替えをして変わった点や良かったと思うことがあれば教えて下さい。

若い世代が増えました。当時産まれたばかりの子供達も小学生になって、年々一クラス分くらい子供が増えました。広場には、入居者の子供達が友達を連れてきたり、子供達がよく遊んでいます、反対していた人達も最終的に入居していますし、誰一人悪かったと言う人はいません。出ていった人は逆に残念がっています。ゲストルームやパーティールーム等の共用スペースもとても好評で、利用率も高く、二つの集会室はサークル活動等にも活用されています。

――これから建替えを検討する方々にメッセージをお願いします。

マンションの老朽化が進み、空き家が増えてマンションがスラム化すると、地域のスラム化にもつながりかねないと思います。若い人がどんどん増えることで、地域・まち全体が活性化するために、建替えは進めるべきだと思います。建替えには様々な問題があり、大変ですが、将来にかけて安心して住み続けられるということを、皆さんでしっかり考えた上で、建替えか修繕かを判断してほしいです。また、地域の特性をよく理解して、実態を踏まえた上で、行政も制度を考えてほしいです。それから、管理は管理会社に委託していたとしても、管理組合として、区分所有者が管理を把握して、自分達で考えてほしいです。現在、オーベルグランディオでは、管理組合ニュースの発行等広報活動を大事にしています。

◆㈱長谷工コーポレーション　建替・リフォーム相談室
☎ ０１２０-０９５-３５６

オーベルグランディオ萩中

所在地		東京都大田区萩中1丁目7-20	
建替え		前	後
建物名		萩中住宅	オーベルグランディオ萩中
竣工時期		昭和43（1968）年竣工	平成18（2006）年竣工
敷地面積		15,952.91m²	15,952.91m²
延床面積		18,510.87m²	48,801.38m²
建物形状	階数・棟数	地上5階建　8棟	地上18階／地下1階建　2棟
	構造	RC造	SRC造（一部鉄骨）
住戸の状況	総戸数	住戸368戸	住戸534戸
	間取り	3K、3DK	1LDK～4LDK
	各戸専有面積	44.4m²、47.95m²	44.82～88.38m²
建替え決議等		区分所有法第70条に基く団地内の建物の一括建替え決議	
事業手法		円滑化法に基くマンション建替え事業（組合施行）	
仮住居の確保方法		・事業協力者、地元不動産会社の情報を組合員に提供 ・建替組合にて都営住宅の空き住宅入居の申込み窓口業務を行った ・約40世帯が、今までと同じ共同生活ができるように社宅を一括で借りた ・外部仮住まいの賃貸契約に、建替え組合が保証人になったケースもあり ※費用については自己負担	
補助制度等の利用状況		・優良建築物等整備事業 ・21世紀都市居住緊急促進事業	
建替えを必要とした理由		・昭和58年を中心に第一次、平成6年を中心に第二次の大規模修繕を行うも、給排水管を中心に設備の老朽化と限界が目立つ ・エレベーターなし、段差解消ができず ・壁量等、耐震性に不安	
特徴等		・8棟の団地の一括建替え決議 ・自主管理の実績と活発な自治体活動による、区分所有者・居住者の建物状況の現状把握・情報共有	
建替えの経緯		平成6年6月：「建替え準備委員会」発足	
		平成12年12月：建替え推進決議成立	
		平成14年12月：区分所有法による建替え決議 → 不成立	
		平成15年8月：改正区分所有法による建替え決議 → 成立	
		平成15年11月：円滑化法に基づくマンション建替組合設立認可	
		平成16年2月：権利変換計画認可	
		平成18年3月：竣工	

Column 5

コミュニティの絆は、こうして深めよう

東日本大震災の発生により、地域の絆が見直されようとしています。災害に立ち向かうには、地域住民の助け合いが必要だと、誰の目にも明らかになったからです。もちろん、マンションも例外ではありません。

居住者同士の人間関係を深めることは、管理組合にとって重要な課題です。

まずは、趣味等を通じて、居住者同士が交流できる場を設けてみましょう。

例えば、マンション内の集会室や近所の公民館等を利用して、将棋やダンスの同好会を開いたり、ペットを飼っている人同士が集まる「ペットクラブ」を結成したりします。その際、建替えの事例インタビューにもあったように、女性が率先すると上手くいくケースが多いようです。

また、総会や消防訓練後にバーベキュー大会を行う、夏祭り等のイベントを開催するのも一つの手。

なかには、住民が持ち回りで講師となり、人よりちょっと得意なことをカルチャースクールのように教えたり、お子さんがいる世帯を中心に日頃お世話になっている管理員さん等の似顔絵を描き、感謝を伝えるイベントや定期的に遠足や散策する会を運営し、好評を得ているマンションも存在します。大規模なら、草野球チームを立ち上げるのも楽しいでしょう。

ただし、主催者側に過大な負担がかかる試みは NG。無理のない範囲で楽しむことが、取り組みを長続きさせるコツです。

マンションには、老若男女、様々なライフスタイルを送る人達が住んでいます。もし、互いに顔を合わせる機会が少ないのなら、それを補う工夫をしましょう。

例えば、自由に意見を書き込める「ノート」や「意見箱」をエントランスに設置したり、住民だけが閲覧・書き込みできるネット掲示板を開設する等が代表的な手段。また、部屋番号の近い人同士が「回覧板」を回す、アナクロな取り組みを管理組合が主導して盛り上げるのも有効でしょう。

実践篇

法改正後の賢い進め方

6

建替え決議後の事業の進め方

民法の全員合意と、区分所有法による合意の違いを確認し、建替え事業の進め方について解説していきます。事業の方法はいくつかありますが、建替え事業においては、区分所有者の負担をできるだけ少なくすることが求められます。ご自分のマンションの建替えを考えた時に、条件的にどんな方法があるのかを把握しておくことで、より有利な方法を選択できると思います。また、円滑化法によらない方法ではどんなメリット、デメリットがあるのか、円滑化法を採用した場合では、どのようなメリットがあるのか、それぞれを十分理解して事業方法を選択していくことが重要です。

地区計画により建替えを実現させたインタビュー事例も必見です。

1

建替え事業への合意

建替え事業の合意という観点から見ると、大きく区分所有法に基づく方法と民法の全員合意の二つの方法に分けることができます（31頁参照）。

どちらを選択するかは、それぞれの内容、手続き、期限等をよく理解し、マンションの建替えが円滑に進むのはどちらの方法かをよく考えた上で判断しましょう。

区分所有法による合意

区分所有者及び議決権の各5分の4以上の合意で建替え決議が成立します。結果として全員が賛成ということも考えられますが、実務上、全員の合意は難しく、賛成しない区分所有者も存在するかと思います。

この場合、この区分所有者に建替えへの参加意思の確認をし、不参加の場合は売渡請求の手続きが必要です。つまり、建替えに賛成しない区分所有者も最終的には売渡請求に応じ、全員合意のもと建替え事業に進むことになるのです。

この方法は、建替え事業で決定すべき全てを多数決で進めることができるので、比較的、大規模マンションに向いています。また、法律に基づく方法のため、区分所有法に定められた通りの手続きを行います。

民法による全員合意

全員合意が得られる見込みがあれば、区分所有法による建替え決議は不要です。

民法による全員合意は、早急に事業に取り組むことができる一方で、その後、決定すべき全事項について、全員合意で進めるため、途中で意見が割れたりすると進行できません。

この方法は、比較的、小規模マンションや区分所有者の少ないマンションに向いています。法律による手続きの定めがないので、円滑に進めるためには、区分所有者同士の信頼関係がより重要と言えます。

建替え事業への合意方法のまとめ

	区分所有法	民法
決議に向けての手続き	区分所有法に定められた手続き	全員合意の事実
成立条件	区分所有者及び議決権総数の各 4/5 以上	全員合意
メリット	大規模マンション等、全員合意が難しい場合、非賛成者が 1/5 以下であれば、理論上は建替え可能。	区分所有法に基づく合意に比べ、手続きの簡素化。時間短縮。 小規模や区分所有者が少ないマンション向け。
デメリット	法に基づいた手続きのため、時間と手間がかかる。	事業途中で非賛成者が出た場合、事業が止まる可能性。
注意事項	専門家（コンサルタント等）のアドバイスを受けながら、非賛成者への対応を慎重に行う。	区分所有者の意思確認は、合意形成後に関わらず把握。 区分所有者同士の信頼関係が重要。

総会決議の種類と要件

決議の種類	要件
・通常の決議 ・共有部分の管理（共用部分の形状または効用の著しい変更を伴わないもの。いわゆる軽微変更） ・検討組織の設置 ・検討資金や耐震診断費用の拠出について（管理費から拠出する場合） ・コンサルタント等の専門家やデベロッパー等の事業協力者の選定	区分所有者及び議決権総数の**各過半数**
・建替え推進決議	区分所有者及び議決権総数の**各過半数**
・一括建替え決議（団地）	棟ごとの区分所有者及び議決権総数の**各 2/3 以上** 団地全体の区分所有者及び議決権総数の**各 4/5 以上**
・管理規約の設定や変更 ・共有部分の変更（共有部分の形状または効用の著しい変更を伴うもの。いわゆる重大変更） ・建物の基本的構造部分（壁・柱・スラブ等）を大規模にわたって加工する工事 ・エレベーターを新たに設置する工事 ・集会室、駐車場、駐輪場の増改築工事や耐震改修工事等で、大規模なもの や著しい加工を伴うもの	区分所有者及び議決権総数の**各 3/4 以上**
・建替え決議	区分所有者及び議決権総数の**各 4/5 以上**
・共用部分の廃止や専有部分の所有関係の変化を伴うもの ・専有部分の面積変化を伴うもの（管理規約に別段の定めがない場合）	区分所有者**全員の合意**

Point

準備段階、検討段階の中で、非賛成者の割合、全員合意の可能性等を探りながら、どちらの方法が向いているのかを検討していく。また、区分所有法による合意も全員合意を目指す。

2 法律面から見た建替えの進め方

円滑化法に基づく建替えの場合、当然ですが、法律で定められた手続きを行う必要があります。円滑化法では、建替え決議後の手続きについて定めています。

施行者の認可

都道府県知事等の認可により法人格を持つ建替組合を設立することができます。建替計画（事業計画）、組合の運営ルール（定款）等の内容が認められると、組合の設立ができます。

法人格を持たない一人または数人の施行者が施行をする場合は、建替え事業に関する基準、規約及び事業計画を定めて、都道府県知事等に認可を受けます。

権利変換計画

建替え前のマンションを取り壊した後も区分所有権等を消滅させず、建替え後のマンションに権利を移行することができます。施行者は権利変換計画を定めて、都道府県知事等の認可を受けます。権利変換計画の内容として、所有権を持つ者の氏名や、建替え前の所有権の価額、建替え後の所有権の価額等を定めます。また、借家権を持つ者の氏名や、建替え後に借家権を与えられる部分、借家条件等も定められます。

権利の買取

建替えに参加しない区分所有者に対して、施行者は、売渡請求することができるとされています。また逆に、建替えに参加しない区分所有者は、買取請求ができます。このことで、権利が一方に偏らないようになっています。

不動産登記

建替えの場合、権利の移行等、本来は各区分所有者がそれぞれ登記を行う必要がありますが、円滑化法では、組合等の施行者が必要な登記を一括で行うことができるとされています。

円滑化法による事業の流れ

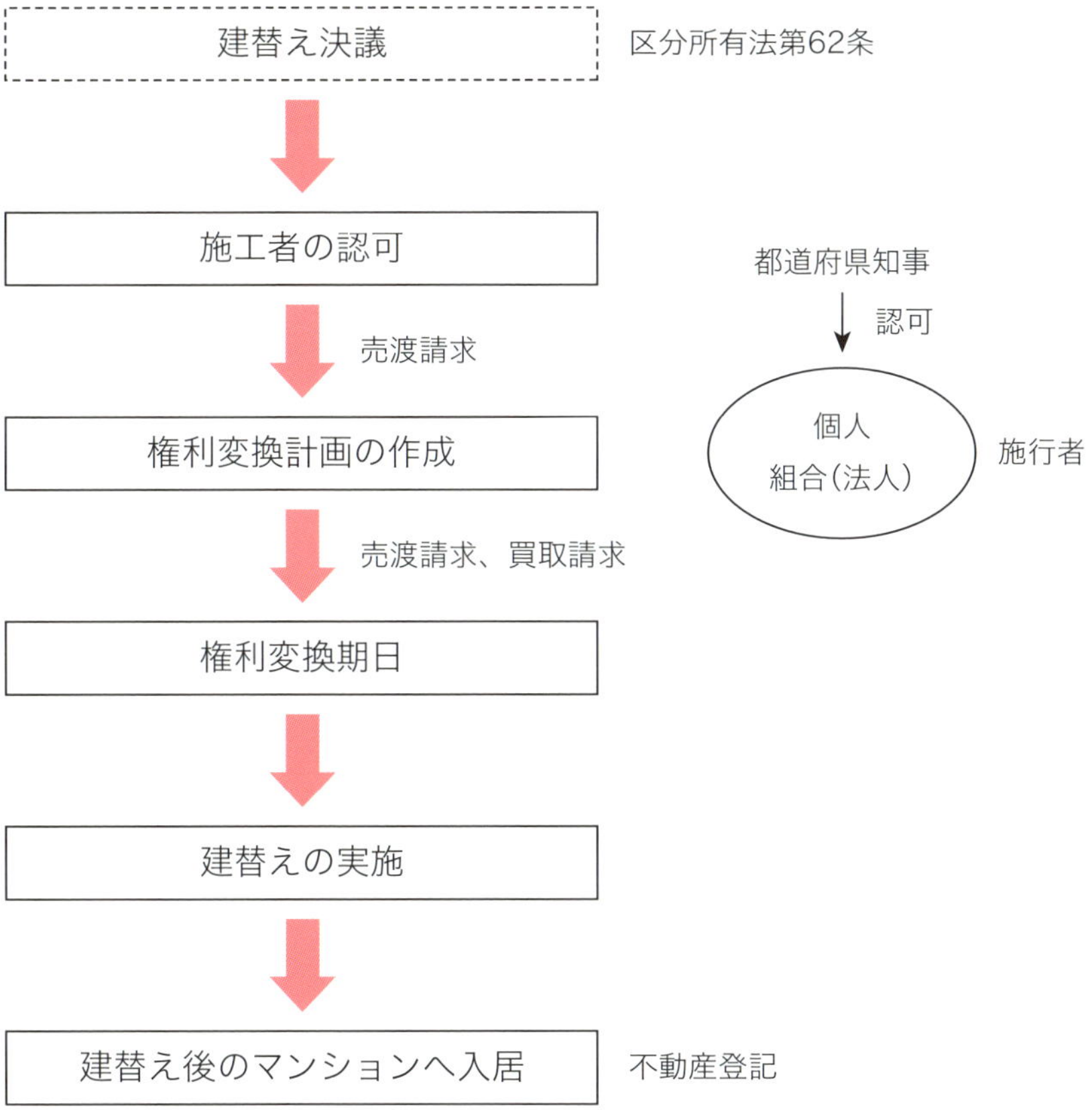

Point 円滑化法は、建替え事業が円滑に進められるように、非賛成者への売渡請求や、権利変換の仕組みを定めた法律である。定められた手続きが必要だが、メリットを踏まえて、適用するかどうかを検討する。

3 改正円滑化法による新しい方法

平成26年12月に改正された円滑化法による新しい方法を説明します。

マンション敷地売却制度

特定行政庁に耐震性不足と認定されると、各5分の4の賛成で敷地を売却することができます。例えば、鉄筋コンクリート造の場合では、耐震性を判断するIS値0・6未満という具体的な基準で認定されます。耐震性に問題があるにも関わらず、建替えが進まなかった建物においては、ある程度の強制力を持った建替え事業が可能になったと言えます。

この制度は、敷地の買受人が、建替え後に再度入居するのか仮住居を斡旋するか等の買受計画を作成し、認定されなければ買受できないため、区分所有者にとって建替え後の仮住居が保証されるメリットがあります。改正後の事例は存在しませんが、改正前に本制度同様、全員合意で売却した事例（インタビュー、52頁参照）があります。

今後、予想される大規模地震に備え、特に耐震性の不足するマンションでは、法改正を機に建替えを視野に入れながら、耐震改修等とともに検討することが望まれます。

容積の緩和

耐震性不足でありながら、建替えが進まない原因の一つに既存不適格があります。それは、建替え後の専有面積の減少や、同面積で建替えできたとしても余剰面積の売却がないので、資金面の負担が大きいことがあります。

今回、特定行政庁から耐震性不足の認定を受けたマンションに関しては容積の緩和がなされることになりました。本改正で「総合設計制度」が適用されなかった建物にも範囲が広がったとも言えます。東京都の場合、区域によって基準容積率の0.5倍または２００％のいずれか低い数値等の割増を受けることができます。

改正円滑化法による新しい方法

平成 26 年 12 月に改正された円滑化法

※新たに設けられた制度の対象は、旧耐震基準で建てられた建物のうち耐震性不足の認定を受けたマンション。

敷地売却制度

（※第 2 章「マンション敷地売却制度の創設」p.38 参照）

老朽化が進んだマンションは、賃貸化、空室化している部屋が多い

↓

区分所有者が住んでいない場合、建替えの合意を成立させるのは困難

↓

敷地一括売却が法改正により各4/5以上の賛成で可能に

Point 買受人（デベロッパー等）は、代替建築物の提供等に関する計画内容として、区分所有者、賃借人の意向確認の状況や代替建築物の提供等の具体的な方法を明記した「買受計画」を申請し、都道府県知事が認定する。その際、除却後の土地をどのように利用するかも明記する。

容積の緩和

耐震性不足の認定を受け、市街地環境の整備・改善に資する場合は、容積の緩和を受けることができる。

割増容積率の最高限度について（東京都の場合）

区域	割増容積率の最高限度
環状第 7 号線の内側の区域	基準容積率の 0.75 倍または 300%のいずれか低い数値
上記以外の特別区の区域	基準容積率の 0.5 倍または 250%のいずれか低い数値
その他の区域	基準容積率の 0.5 倍または 200%のいずれか低い数値

4

事業主体から見た建替え方法

事業主体が、区分所有者なのか、事業協力者に代行してもらうのかで、次の二つの方法に分かれます。

自主建替方式

区分所有者が土地の権利を持ったまま、自ら事業主として建替え資金を調達し、建設会社等に発注、建設する方式です。等価交換方式で事業を行った場合に比べ、事業協力者の利益分が区分所有者に還元されるメリットがある一方で、資金調達、余剰床がある場合、販売分の売れ残り等や、万が一、建設会社が倒産した際のリスクを負うことを考えると、専門家の協力を得ても難易度の高い方式と言えるでしょう。

円滑化法による場合は、法律の手順に基づいて法人格を持つ建替組合をつくり、資金の調達をし、建設会社等に発注を行うこともできます。ただし、リスクに関しては、同様に注意が必要です。

建替えの事業性が低く、事業協力者であるデベロッパー等が興味を示さないマンションでは、この方法が現実的と言えるでしょう。

事業代行方式

区分所有者に土地の権利を残したまま、計画の策定、工事の発注、金融機関との対応等の業務を事業協力者であるデベロッパー等に代行してもらう方式です。そのため、区分所有者の手間や時間的な負担はかなり軽減され、比較的早く事業が進みます。ただし、立地条件が良い、容積率に余剰がある等、事業協力者に建替え事業として利益確保がなされることが前提となります。また、ある程度の事業性が見込まれないと、引き受ける事業協力者がいない可能性もあります。

どちらも、事業主体は違いますが、円滑化法に基づき手続きを進める方法と任意事業で進める方法とがあります。

事業主体から見た建替え方法

法律的には、円滑化法による方法、任意事業による方法どちらもできる。

自主建替方式

・事業協力者の協力を得ず、区分所有者または組合で資金の調達から権利関係の手続き、販売まで全て行うため、労力的な負担が大きい
・事業協力者の利益分を区分所有者で分配できる
・規模が小さい、また余剰床が少なく、事業協力者であるデベロッパー等が興味を示さないマンションでも建替え可能
・事業に係るリスクをすべて負うことになる
　建築工事請負業者の倒産リスク
　余剰床の販売リスク
　事業資金の調達（希望額の融資が受けられない等）

Point
コンサルタント等の専門家の協力により、リスクの軽減はできるが、建設費も高額になるため、現実的とは言えず、協力が得られる場合は、事業協力者のもとで進める方が望ましい。

事業代行方式

土地は区分所有者が所有したまま、専門家が設計会社等への計画策定や建設会社への工事請負の発注、金融機関や行政との折衝等を具体的に進める方式。

Point
・事業協力者（デベロッパー等）が参加するためには、事業性のある地域、規模、容積率に余剰があることが前提である。
・資金調達や建設会社等とのやりとりは、専門の事業協力者の方が交渉力や信用力によって有利になる傾向がある。

テラス渋谷美竹（旧美竹ビル）

旧美竹ビル建替組合理事長
弁護士・海事補佐人　峰隆男 氏

「テラス渋谷美竹」は、東京都住宅供給協会（現・東京都住宅供給公社）が昭和 34 年に竣工した 40 戸の分譲住宅とオフィス混合の「美竹ビル」を建て替えた、渋谷駅徒歩 1 分の免震タワーマンションです。

——建替えを検討したきっかけを教えて下さい。

建替え前の建物は、築50年近くを経過し、老朽化に伴う雨漏り、排水設備の劣化、階段・踊り場が狭く二方向避難が確保されていない等の不便さ等、様々な問題を抱えていました。また、修繕・改修するためには多額の費用がかかるという問題もありました。耐震補強についても、上層階が住宅、下層階が事務所のため、構造上、大きな支障があり、実質的には耐震補強が困難な状況にありました。

——建替えについて住居や事務所では区分所有者の意識の違いから様々な意見があったかと思いますが、どのように意見をまとめていかれたのでしょうか。

建替え前の建物の1階及び2階部分の事務所を所有していた東京都住宅供給公社とは、建替え後の建物のエントランスの位置・大きさ等の配棟計画について意見の相違がありましたが、理事会等で意見を出し合い、粘り強く時間をかけて解決していきました。通常、区分所有者数や議決権数が多いと居住者の意向が強くなりがちですが、しっかりと公社と話し合いながら進めたことが結果的に良かったのだと思います。

——当初、賛同者が十分ではなかったのにも関わらず、全員合意に至った理由を教えて下さい。

当初検討していた総合設計案では、公開空地を設けた残りの土地に建てるので、鉛筆状の細長い高層ビルとならざるを得ず、また、構造も免震構造ではなく、制震構造でした。そのため、火災の際の消化活動や安全面で不安を抱いている人がおり、第1回の建替え決議は、区分所有者数の5分の4の賛成が得られず、不成立となりました。そこで、総合設計に代わり、その頃、渋谷区にて公表された渋谷駅周辺の新たな地区計画案で建替えを検討しました。その結果、総合設計案よりも容積が増えることがわかり、また、免震構造とする等の事業計画の見直しを図りました。公開空地を設ける必要がなく、これならと全員合意に至りました。

——今回の法改正後だったら、合意形成はより有利になっていたと思いますか。

容積率緩和に関してだと思いますが、総合設計ではなく、本事例は地区計画だったので、こちらの方が条件が良いことが想定されるので、影響はなさそうですね。

——仮住まいに対する不安の声はありませんでしたか。

仮住まい先の生活の不安や引越の負担を気にしている方もおりましたので、デベロッパーである新日鉄興和不動産に依頼して、仮住まい先の探索、荷造りや片づけ等の引越し作業の手伝いや仮住まい先の家具の設置等のサポートをしてもらいました。その結果、問題なく進めることができました。

——建替えを検討・推進する中で印象に残っているエピソードや苦労した点があれば教えて下さい。

一般のマンションは、縦列ごとに同じ面積帯の住戸が配置されるケースが多いですが、それでは、区分所有者からすると住戸面積の選択肢が制限されてしまいます。そこで希望する住戸を取得できるようにブロッ

上：建替え前、右：建替え後

ク別の住戸配置パターンを設け、住戸間の戸境壁を調整することで、異なる面積の住戸を数多くつくるようにしました。また、渋谷区の地区計画案に基き建替えを実施する場合には建替え地が商業地域であるため、1階部分に店舗を設けることが条件とされました。この店舗部分については、マンションの風格に見合った店舗を誘致したいという区分所有者の意向を踏まえ、建替え後の住宅区分所有者（196戸）及び事務所区分所有者（1戸）が店舗を共用部分として管理・運営することとしました。通常の新築マンションで管理組合が店舗部分を管理することは稀なので、珍しいケースと言えます。

――建替えをして変わった点や良かったと思うことがあれば教えて下さい。

建替え前と比べ、部屋の面積が広くなり、設備が最新になったことです。免震構造としたことで安心して住むことができ、また、エレベーターも4基設置され、高齢者にとって住みやすいマンションになりました。意見の食い違いもあり、建替えに10年かかりましたが、終わってみたら全員とても喜んでくれました。建替え時の住宅区分所有者が40戸、事務所区分所有者が公社1戸と比較的区分所有者数が少なかったこともあり、誰一人置き去りにせず、皆で議論したので、人間関係をしっかり構築することができたと思います。

――これから建替えを検討する方々にメッセージをお願いします。

デベロッパー選びは重要です。区分所有者の話をよく聞き、意見調整してくれる会社が良いでしょう。また、建替えに関する理解度や情報量は、区分所有者によって差があるのが当然ですので、デベロッパーを選ぶ前に勉強会を開き、建替えに関する基礎的な知識や流れをそれぞれが理解し、情報の共有化を怠らず、しっかりと時間をかけて、意見を出し合うことが大事です。初動期の合意形成の進め方でボタンの掛け違いがあると最後まで尾を引くということがあります。一歩一歩時間をかけてでも話し合って進めていくことが建替えへの一番の近道だと思います。

◆新日鉄興和不動産㈱　住宅事業本部マンション再生部
☎ 03-6745-5022

テラス渋谷美竹

所在地		東京都渋谷区渋谷 1-3-1（住居表示）	
建替え		前	後
建物名		美竹ビル	テラス渋谷美竹
竣工時期		昭和 34（1959）年竣工	平成 24（2012）年竣工
敷地面積		約 2,640m^2	約 2,640m^2
延床面積		約 5,640m^2	約 26,720m^2
建物形状	階数・棟数	地上 6 階建	地上 17 階／地下 3 階建
	構造	RC 造	RC 造（中間階免震構造）、一部鉄骨造
住戸の状況	総戸数	住戸 40 戸	住戸 196 戸
	間取り	2DK	1K ～ 3LDK
	各戸専有面積	約 58m^2	約 30 ～ 127m^2
建替え決議等		建替え決議を実施	
事業手法		マンションの建替えの円滑化等に関する法律に基づくマンション建替事業（組合施行）	
仮住居の確保方法		新日鉄興和不動産が全面的に支援。入居者の一部は各自で確保	
補助制度等の利用状況		なし	
建替えを必要とした理由		・建物調査で耐震性が必要とされたこと ・老朽化による設備の更新と居住水準の向上が必要とされていたこと	
特徴等		・全員合意の建替え決議 ・渋谷駅東口地区計画によるマンション建替え ・事務所を含めた大規模複合マンションへの建替え	
建替えの経緯		平成 14 年 3 月：建替えに関する勉強会を開始	
		平成 15 年 6 月：建替えの検討を開始	
		平成 19 年 6 月：建替え推進決議可決	
		平成 20 年 9 月：建替え決議可決	
		平成 21 年 4 月：マンション建替組合設立	
		平成 22 年 11 月：工事着工	
		平成 24 年 12 月：竣工	

Column 6

ワンルームマンション規制の影響

近年、東京都内でワンルームマンションの建築を規制する区の条例が相次いで施行されました。主な規制内容は、「1戸の専有面積が25m²未満のマンションが建てにくくなる」というもの。この最低の専有面積の定めは、平成18年制定の「住生活基本計画」で単身者の「最低居住面積水準の25m²が起因していると言われています。

ワンルームと言えば、利回りの高さから、投資対象として注目されていますが、なぜ今になって、様々な規制対象になっているのでしょうか。

実は1980年代から建築指導要綱等による規制はあり、本格的な規制は平成14年頃から始まりました。現在では、東京23区全てが条例または建築指導要綱で規制され、東京23区以外でも、多くの都市で何らかの規制がなされています。背景には、ワンルームが増えすぎると地域の人口構成が歪《いび》つになってしまうことや、マナーや税の問題があると言われています。例えば、地域住民たちは防犯・防災活動の担い手として、大きな役割を果たしていますが、ワンルームに住む単身者は地域活動に参加しない傾向があるだけでなく、ゴミの分別や指定日を守らない、駐輪のマナーが悪い等の問題もあります。

さらに、地方公共団体では地方分権化によって国からの補助金が減り、住民税で補う必要があるため、住民票を置かないことが多い単身者よりもファミリー層の居住によって住民税の増収と地域の活性化を図りたいという思惑もあります。

このワンルームマンション規制が進むと、面積が増える分、必然的に家賃が高くなり、相対的にワンルームの家賃相場も高くなるでしょう。その結果、低所得者は遠くから通わなくてはならず、高所得者への優遇につながりかねません。この条例では学生寮や社員寮、介護・老人施設等は適用外としながらも「家賃が高くなり、高齢者等が住めなくなるのでは？」といった意見が出ています。

マンションの建替えでも、既存ワンルームの場合、専有面積や部屋の割り当て、賃借人が借家権を行使し戻ってくる際の賃料に大きく影響しそうです。

実践篇

法改正後の賢い進め方

7

行政支援策の活用法

高経年マンションの建替えは、なかなか進んでいないのが現状です。その中で、特に耐震性に問題がある建物については、国も様々な政策を立てています。例えば、建替えには不可欠と言っていい専門家の派遣から、調査費用や設計費用、実際の施工費用の一部については補助金制度もあります。また、融資については、組合向けの融資制度や、高齢者向けの融資制度もあります。これらを賢く利用して、できるだけ経済的負担を減らすことも、建替え事業を成功させる重要なポイントと言えます。コンサルタントである専門家から見た建替え事業の話は、成功に欠かせないヒントがつまっています。

1

専門家の派遣

まずは行政の支援制度の活用を

ここまで、建替えに関する法令や具体的な手順等を解説してきましたが、建替えには専門的知識が必要なことも多く、区分所有者だけで建替え事業を進めるのは難しいと言えるでしょう。実際、建替えの成功事例を見ると、早い段階から専門家であるコンサルタント等を導入している事例が多く見受けられます。

近年では、マンションの建替え専門のコンサルタントやアドバイザー等の専門家が増えています。しかし現在、修繕・改修か建替えかの検討をしており、建替えの方向性を決めかねている段階で、どのタイミングから専門家に依頼すれば良いのかわからない、また、多額の費用を捻出できない場合は、まず、国や市区町村等の行政機関の制度を利用すると良いでしょう。

補助金やアドバイザー制度も

例えば、国の補助金では、「優良建築物整備事業（マンション建替えタイプ）」の社会資本整備総合交付金（144頁参照）があり、調査設計計画費まで補助対象です。ただし、地方自治団体を通じた間接補助であるため、地方自治団体に同様の補助制度の要綱が整備されている必要があります。利用する際には、物件の所在地の役所等に確認をしましょう。

また、財団法人東京都防災・建築まちづくりセンターでは、建替えや改修のアドバイザー制度を実施しています（左表参照）。建替えか改修かの検討をする管理組合の勉強会等への講師派遣や、実際に簡易な図面、費用概算等の検討書の作成までを実施します。区分所有者、管理組合の方への基本的な知識から、合意形成の進め方、建替えや修繕について、理解を促進するための参考資料も作成できるので、初期検討時におすすめな制度と言えるでしょう。

行政支援の活用

老朽化マンションを何とかしなくてはと思いながらも、何から始めたらいいのかわからない場合は、まず市区町村等に設置されているマンション管理に関する相談窓口を利用するのも一つの手です。無料で受けられることが多いですが、予約の有無については確認のこと。

A コース 入門編

建替えか改修かの検討を進めていくために必要な法律、税制、公的な支援などについてアドバイスします。

申込みできる方　区分所有者又は管理組合

コース名	業務内容	派遣料（税込み）
A－1	建替え入門 （マンションの建替え円滑化等に関する法律、税制、公的な支援等の説明）	13,650円
A－2	老朽度判定・建替えと修繕の費用対効果の説明 （マンションの建替えか修繕かの判断をするためのマニュアルの説明）	13,650円
A－3	合意形成の進め方 （マンションの建替えに向けた合意形成に関するマニュアルの説明）	13,650円

◎別途テキスト代と消費税がかかります。

B コース 検討書の作成

建替えか改修かの比較検討ができるように、当該マンションの現況や法規制に関する確認を行い、検討書（簡易な平面図や立面図等、費用概算など）を作成して説明します。

申込みできる方　管理組合

※検討書は、建替え・改修事業を実施するための基本設計ではありません。あくまで建替え・改修事業の理解を促進するための参考資料としての提示です。

コース名／業務内容	検討書の内容	派遣料（税込み）
B－1 既存不適格の判定、建替え計画及び総合設計制度を活用した建替え計画、改修計画案の提示。	・既存不適格のチェック及び総合設計制度の可能性の検討資料 ・改修計画案（現地調査の結果、共有部分、専有部分） ・建替え計画案（計画概要表等、配置図兼平面図、立面図、日影図及び透視図、事業費用概算等） ・総合設計制度建替え計画案（計画概要表等、配置図兼平面図、立面図、日影図及び透視図、事業費用概算等）	298,200円

※B－1を分割する場合のコース

コース名	業務内容	派遣料（税込み）
B－2	既存建物不適格の判定及び総合設計制度の活用の可能性の検討	65,100円
B－3	建替え計画（総合設計制度の検討を含まず）案の提示	126,000円
B－4	総合設計制度を活用した建替え計画案の提示	163,800円
B－5	既存建物不適格の判定、建替え計画及び総合設計制度を活用した建替え計画案の提示	221,550円
B－6	改修計画案の提示	84,000円

東京都防災・建築まちづくりセンターによる支援（出典：東京都都市整備局「マンション建替えガイド」p.10）

上記のような専門家の派遣に関し、補助金や助成金を交付する地方公共団体もある。地元の行政に問い合わせのこと。

2 早急な整備が望まれる仮住居の対策

全国的には制度は未整備

建替え工事期間中の仮住居は、国土交通省の告示（第１１０８号）において、地方公共団体が、公共賃貸住宅の活用、その他、様々な支援に努める事項とされています。

例えば、全国で最もマンション化率が高く、棟数が多い東京都では、都営住宅に入居できる制度があります。しかし、全国の先駆けとなる東京都においても、持ち家がある人は、公共の賃貸住宅（都営住宅、県営住宅等）に入居できない等の条件があり、全国的に見ると制度が整っていない状況と言えます。

建替えが増えるにつれ、徐々に整備は進んでいくことが想定されるので、建替え事業の計画が決定した段階で、仮住居が必要な場合は、一度、問い合わせて確認しておくと良いでしょう。

都営住宅の場合

例えば、東京都の都営住宅では、円滑化法による建替えの場合、区分所有者及び賃借人は、建替えの工事期間中の仮住居として、最長3年間入居できる制度があります。

ただし、入居には所得制限や、東京都に3年以上居住していること、建替え後、再入居する等の条件があります。また、希望者が多い場合は、抽選となります。

さらに、毎年、建替え時の入居期間の前年度にあたる2月～3月頃に利用意向調査が行われます。この利用意向調査票は配布及び提出期間が短く、建替え事業の代表者の確認書類も必要であるため、早い段階で希望者の有無を把握しておくことが重要です。

そのため、提出期限に間に合わない、一定以上の収入がある等、条件を満たさない場合は、民間の賃貸住宅等に入居することが現実的と言えます（62頁参照）。

仮住居について

国土交通省　告示 1108 号

第五　マンションの建替えが行われる場合における従前のマンションに居住していた賃借人及び転出区分所有者の居住の安定の確保に関する事項

1. マンション建替え事業の施行者等が取り組むべき事項

マンション建替え事業の施行者等は代替住宅の確保に際して、そのあっせん、情報提供により賃貸人及び転出区分所有者の居住の安定に努めなければならない。

2. 国及び地方公共団体が取り組むべき事項

イ. 地方公共団体は、地域の実情を踏まえつつ、公営住宅等の公共賃貸住宅への優先入居その他の多様な支援に努めることとする。

ロ. 地方公共団体は、都市再生住宅制度の活用等により、従前居住者用賃貸住宅の供給の促進及び家賃対策の実施に努めることとする。

ハ. 地方公共団体は、移転料等の支払いに対して優良建築物等整備事業の活用等により必要な支援に努めることとする。

上記のように、マンション建替えの際の転出先の住居については、民間の事業者だけでなく、地方公共団体も支援に努めることとされています。

都営住宅の場合

東京都では「円滑化法による建替え」の場合、区分所有者及び賃貸人は、工事期間中の仮住居として入居できる制度がある。ただし、所得制限、東京都に 3 年以上居住していること、建替え後は再建建物に再入居する等の条件がある。希望者が多い場合は抽選。手続きには前年度に利用意向調査の提出等が必要なため、利用する場合は早めに問い合わせを。他の地方公共団体では、制度の整備はまだこれからという状況。

Point　建物の除却から新築までは、おおよそ２年間。その間の仮住居には公共と民間の賃貸住宅がある。この地方公共団体の制度はこれから整備されていくので、建替えの検討時には、利用できる制度があるか確認を！

3 補助金や助成金を賢く活用する

優良建築物等整備事業（マンション建替えタイプ）社会資本整備総合交付金

市街地再開発事業とは違い、市街地環境の整備改善、良好な市街地住宅の供給等の促進を図ることを目的とし、都市計画決定等の法的手続きが不要な国の制度要綱に基づく事業を言います。建替え事業では、共用部分の通行や空地の整備等に対して補助金が交付されます。

今回の円滑化法の改正を踏まえると、容積率の緩和を受ける計画の場合に該当しやすくなり、調査設計計画費（事業計画作成費、地盤調査費、建築設計費）、土地整備費（除却・整地費、補償費等）、共同施設整備費（空地、供給処理施設等、共同施設の整備費）が対象となります。支援の要件には、総会で各5分の4以上の賛成が必要です。

都心共同住宅供給事業（東京都）

東京都住宅マスタープランにおいて定めた「住宅供給重点区域」に適用される事業を言い、東京都知事の認定を受ける必要がありますが、既存建物の除却等にも適用できます。

都市再生住宅制度

住宅市街地総合整備事業や、市街地再開発事業、マンションの建替え事業等の実施に伴って、住宅等（住宅、店舗、事務所等）を失い、困窮すると認められた方を入居させる住宅等を整備することを目的とした事業を言います。

具体的には、円滑化法による建替え事業を前提として、経済的な理由等で建替えに参加できない区分所有者等に、家賃対策の補助をする制度です。民間の建設・管理によって供給する方式と地方公共団体が民間住宅を借り上げ供給する方式等があります。地域、条件によって適用されない場合もあるため、事前に問い合わせて確認しましょう。

補助金とは、公募の形式をとり、受付期間や予算枠が決まっているものが多い。そのため、期限が過ぎた場合は応募できない。また、要件を満たしていても、予算枠が終了している場合や審査に通らない場合は、補助金を獲得できない。

助成金とは、基準を満たせば、原則、受給できるものが多い。一般的に公募期間も限定されておらず、1年中、利用が可能。

補助金

優良建築物整備事業（マンション建替えタイプ）
「社会資本整備総合交付金」

対象条件	・地域：三大都市圏、中心市街地等 ・地区面積：概ね 1000m² 以上（三大都市圏は概ね 500m² 以上、マンション建替え法に基づく事業は 300m² 以上） ・空地面積：法定空地率＋10%以上（マンション建替え法に基づく事業は空地要件の適用なし） （※5年間特例措置（平成25～29年度）） ・耐用年数の1/2以上を経過 ・地上階数3階以上、耐火または準耐火建築物 ・住宅の規模：1戸当たり 50m² 以上（単身の場合は 25m² 以上）
補助対象経費	(1) 調査設計計画費 ・基本計画作成（事業計画作成費・地盤調査費・建築設計費・合意形成費用） 支援要件：各4/5以上の賛成 (2) 土地整備費 ・建築物除却費・整地費・補償費等（移転費、仮住居費を含む） (3) 共同施設整備費 ・空地等整備費 ・給排水施設、電気施設、ガス供給施設、ごみ処理施設等の供給処理施設 ・廊下、階段、エレベーター等の共用通行部分、公共用通路整備費等

※国の補助金制度は基本的に、地方公共団体が窓口となる。行政によって補助金額が変わる。

補助金と助成金の共通点

・事業の全部または一部の費用が対象。
・金融機関からの融資と異なり、返済の必要がない。
・それぞれの目的と仕組みがあるので、よく確認することが重要。

Point
補助金・助成金については、公募期間の有無等、それぞれの目的と仕組みに応じて、諸条件が異なるので、必ず、マンションの所在地の地方公共団体等で事前に確認する！

4

制度融資の種類と活用法

独立行政法人住宅金融支援機構の「まちづくり融資」

①短期事業資金

組合等に、計画から竣工、引渡しまでの必要資金を融資する制度を言います。初動費用や建設費も対象になるため、初動期から資金が足りない事業におすすめです。

原則として、土地建物に第1順位の根抵当権の設定、建物竣工後2年以内の返済等の条件がありますが、担保評価等に応じて、対象事業費の上限100％を融資し、かつ、金利は低く設定されています。

②長期事業資金

賃貸事業や自社利用を目的とした、建設費や購入費を融資する制度を言います。ただし、居住用の融資ではないため、団体信用生命保険は利用できません。マンション建替え後、自己居住せず賃貸にする場合や、企業が区分所有している場合等に活用できる制度です。

③高齢者向け返済特例制度

本人の月々の支払は利息のみで、死亡時に相続人が一括返済または、売却により返済する制度を言います。また、親子で共に融資金の返済に取り組む親子リレーローン等（84頁参照）もあります。

債務保証について

短期事業資金の融資に必要な債務保証を、公益社団法人全国市街地再開発協会が、組合再開発促進基金を基に行う制度を言います。初動期の資金、建設費の他、今回の改正の目玉であるマンション敷地売却制度も対象になります。

マンション敷地売却制度の債務保証は、売却した資金では足りない、住宅ローン残債を完済するための資金が対象で、原則として保証期間は5年以内です。

いずれの融資制度も必ず、事前に問い合わせて確認しましょう。

制度融資

制度融資とは、都道府県や各市区町村等の地方公共団体が、建替えを目指す管理組合等へのサポートを目的とした制度を利用して、融資する制度を言います。

(独)住宅金融支援機構の「まちづくり融資」

融資要件	1 住居系地域　2 商業系地域　3 準工業地域 ※商業地域においては、容積率 600%以下の地域に限る。 ※マンション建替え事業の場合には、第一種低層住居専用地域と第二種低層住居専用地域は対象外 ①重点密集市街地 ②防火地域または準防火地域 ③防災再開発促進地区 ④再開発促進地区（都市再開発法第 2 条の 3 第 1 項第 2 号に規定する地区または都市再開発法第 2 条の 3 第 2 項に規定する地区） ⑤市街地再開発促進区域 ⑥住宅市街地総合整備事業（密集住宅市街地整備型に限る）の整備地区 ⑦不燃化促進区域 ⑧都市再生緊急整備地域　等
事業要件	Ⅰ　マンション建替え事業 Ⅱ　共同建替え事業（敷地を共同化して建替えを行う事業） Ⅲ　総合的設計協調建替え事業 Ⅳ　地区計画等適合建替え事業 Ⅴ　賃貸建築物建替え事業
建築物要件	Ⅰ　住宅部分が建物全体の 1/2 超であること Ⅱ　構造が耐火構造、準耐火構造（省令準耐火構造を含む）またはまちづくり省令準耐火構造であること Ⅲ　法定容積率の 1/2 以上を利用していること Ⅳ　1 戸当たりの住宅の床面積が、30m² 以上 280m² 以下 Ⅴ　機構の定める一定の技術要件に適合すること

地域条件 ＋ 事業条件 ＋ 建物要件

全てに該当

↓

「まちづくり融資」を活用できる

5

税制上の優遇について

権利変換に伴う特例措置

建替えは、一般的に区分所有者にとって経済的に大きな負担がかかるため、なかなか進まない状況において、円滑化法が制定され、税制上、次のような優遇措置が受けられるようになりました（円滑化法第5款「税法上の特例」）。ここでは、円滑化法による、建替えにおける優遇措置の一部を紹介します。

・所得税　譲渡所得は、所得税における課税所得の区分の一つで、資産の譲渡による所得を指します。権利変換手続きで住戸を取得すると、以前に住んでいた住戸については譲渡がなかったものとみなされ、所得税がかかりません。

・登録免許税　不動産登記等に、固定資産評価額に対してかかる税金を言います。権利変換処分に伴い新しいマンションの住戸を取得した場合は、建替え前の資産評価額を限度として非課税となります。また、権利変換計画の開始の登記も非課税です。

・不動産取得税　不動産を取得した時に、その不動産の所在する都道府県が課す税金を言います。権利変換の場合、土地価格に対する控除があります。

建替え事業にともなって転出する者にかかる特例措置

円滑化法に基づく建替えで、建替えに反対して転出する者に対しての優遇措置もあります。

・所得税　やむを得ない理由で転出せざるを得ない場合は、軽減措置があります。個人の場合は、住宅用財産を譲渡した場合の軽減措置もあるので、有利な方を選択することが可能です。

・不動産取得税　建替えに反対して転出する者が事業を継続するための土地を取得した場合、控除があります。

税制上の優遇

対象者	税金の種類	優遇措置
区分所有者	所得税 法人税 住民税	権利変換に伴い資産を取得した場合、従前資産の譲渡は無かったものとする
区分所有者（転出者）	所得税 住民税	売渡請求、買取請求により転出する場合、2000万円以下の部分の金額については 15%→ 10% 住民税 5%→ 4% ※1
区分所有者	登録免許税	権利変換によって新しく取得する資産は従前資産価額を限度に非課税措置 ※2
区分所有者（転出者）	不動産取得税	売渡請求、買取請求により転出し、事業を継続するために取得した土地価格の 1/5 相当額の控除
建替組合等	法人税	円滑化法による建替組合の非収益事業所得の非課税措置
建替組合等	不動産取得税	組合が取得する不動産の非課税措置 ※2
建替組合等	所得税	借家人補償金等の交付金は、目的に従って費用に充てた場合は非課税
施行者	登録免許税	売渡請求、買取請求により取得する資産および保留床に係る非課税措置 ※2
施行者	登録免許税	権利変換計画開始の登記
賃借人	所得税	補償金を移転費用等に充てた金額は、非課税

※1　平成 28 年 12 月 31 日まで（延長の可能性あり）
※2　平成 28 年 3 月 31 日まで（延長の可能性あり）

Point　税制優遇については、条件も複数あり、期限がある場合もあるので必ず専門家に相談する！

interview ▷コンサルタントの目から

建替えが成功するマンションとは?

協同組合都市設計連合
副理事長　波多野聡 氏

建替えを成功させる心強いパートナーとも言うべきコンサルタントの存在。数多くの事例に携わってきた専門家から見て、マンションの建替えを成功に導くための必要な条件について、お話いただきました。

建替えを成功させるためにコンサルタントとして、どのように考え、働きかけているのか、また建替えが成功するマンションにはどのような条件が必要かをご説明いたします。

まず、マンションの建替え事業を成功に導くためには、大きく二つの要素があります。一つ目は、建替えが事業として成立するための経済条件。二つ目は、区分所有者の合意形成です。やはりマンションの権利者としては、できるだけ良い条件でマンションを建て替えたいと考えるのは当然ですし、経済条件が良くなれば、自ずと合意形成も容易になります。建替え事業の大まかな費用内訳を見ると、収入は余剰床の売却と区分所有者の負担金です。他に可能ならば、地方公共団体の補助金等もあります。支出は、除却や新築のための工事費、転出者への補償金、設計・監理料やコンサル料の事務費等になります。収入を最大にするコツは、敷地に許される最大容積率の大きなマンションを建て、余剰の床をできるだけ高くデベロッパー（以下「デベ」）に売却することです。容積率を使い切っている等、マンション単独で事業成立が難しい場合には、周辺を含めて再開発事業とする可能性についても検討します。立地条件が良いと事業に参加したいデベは複数いるので、なるべく条件の良いデベを選定します。選定後は相談しながら事業を進めることになります。

次に、支出をできるだけ抑えることですが、最大の支出は工事費です。適正に工事を実施するゼネコンを指名し、入札で選定します。事業として成り立たせるためには、収支バランスが重要ですが、デベとゼネコンそれぞれから余剰床の売却額と工事費の見積もりが出れば、事業骨格は概ね固まります。従前資産の評価額に対応して、権利者にどれくらいの面積を返還できるかは、事業収支の中での調整になります。権利者の取り分は、一般的に還元率（従後と従前の面積割合）で判断されますが、還元率についての権利者の合意形成ができれば、事業は成立することになります。

また、昭和40〜50年代に建てられた郊外型団地の老朽化が最近話題ですが、住宅需要の都心回帰傾向や工事費高騰等によって、経済ベースに乗る事業実施はなかなか難しく、今後の大きな政策課題となるでしょう。

最後に合意形成はどのような条件が整えば進みやすいのでしょうか。区分所有法上の建替えの手続きとしては、まず、建替え決議（同法第62条）を管理組合で行いますが、成立するためには、総会で区分所有者及び議決権の各5分の4以上の承認を得る必要があります。建替え決議成立後は、賛成しなかった区分所有者に対し、売渡請求等のツールも整備されていますが、できるだけ１００％合意になるよう権利者に対する説明や説得を何度も行います。権利者は従前資産の評価に応じて権利変換により建替え後の住宅を取得することになりますが、権利者の合意を得るためには、還元率がせめて70〜80％なければ説得は容易ではありません。中には、還元率35％程度で建替え決議がなされた事例もありますが、最近は工事費高騰のため、還元率が50％を切ってしまう案件も多く、コンサルとしては頭を痛めています。そのため、郊外型の団地等からいただくお問合せに対して、工事費が少し落ち着くまで見合わせてはどうかとアドバイスすることも多いです。

その他、マンション内の人間関係や、信頼感あるまとめ役の存在が合意形成に大きな影響を持ちます。コンサルと管理組合役員等が協力してオープンな説明会や対話の機会を持ち、各権利者のニーズや不満に対応し、信頼関係を構築していくことが必要です。工事費高騰のため当初の還元率が下がり、権利者間の合意形成が崩れかけた際に、コンサルや理事長さんが中心となって「建替えの必要性」や「財産としての将来性」を訴え、成功に導いた事例も経験しています。

◆協同組合都市設計連合　東京事務所
☎ ０３-３５３９-３５３８

Column 7

行政機関を上手に活用しよう

国や地方公共団体等の行政機関が、マンションに対して様々な行政支援策を提供しているのを知っていますか？　これらを知っているのと知らないのとでは、管理組合の運営に大きな差が出てきます。

例えば、弁護士・建築士等の「専門家による無料相談」、マンション管理の専門家「マンション管理士の無償派遣」、バリアフリー化等、共用部分の「改修工事費の助成」「共用部分リフォームローン保証料の助成」「耐震化や建替えへの助成」「防犯や防災への助成」、知識の習得や情報を交換する「管理組合の交流会への支援」「行政主催のセミナーや相談会」といった取り組みが行われています。

また、それぞれの目的ごとにモデルや推進事業の募集をし、採択された管理組合に支援する例もあります。

マンションの建替えでも、「建替えか改修かの検討を進めるための法律・税務」「合意形成の進め方」等の説明やアドバイスのほかに、具体的にマンションの現況や法規制の認識を反映させた「検討書の作成」を依頼できます。検討書では、「既存不適格建築物に該当するか」「建替計画案と改修計画案の比較や概算費用」「総合設計制度の可能性」等を簡易な平面図や立体図を用いて作成し、説明されるので、建替えか改修かの理解を深め、比較検討していく際の導入資料として活用できるでしょう。

また、仮住居として、条件を満たせば、都営住宅等への入居も可能です。

その他にも、上下階等の騒音がひどい場合に、音の大きさを測る測定器の無料貸出、資源ゴミ用の分別コンテナーの無料提供、ハチ類の巣の駆除にかかった費用の一部を助成する等、行政機関の活用法はたくさんあります。これらの制度は、国・都道府県・市区町村ごとに異なりますので、まずは、管理会社のフロント担当者や、管轄の住宅課や建設局等に活用できる制度等はないか、問い合わせてみてはいかがでしょうか。

もしかしたら、快適なマンションライフや管理組合運営の円滑化を図る上で、お得と感じる制度があるかもしれませんよ。

実践篇

法改正後の賢い進め方

8

新たな価値を築く

経済的な負担、長期の仮住居での暮らし等、建替えは、区分所有者にとって、大きな負担がかかります。それらを乗り越えた先にある、新しいマンションでの生活はどのようなものなのでしょう。新築マンションには無い、建替えだからこそ、そこに生まれる価値とは何でしょうか。多くの人が集まって暮らす「マンション」ならではの価値とは？ また、今後も増えるマンションがどのように進化しているのかを解説していきます。

最終章の第８章では、マンション再生はコミュニティ再生でああることをお伝えします。マンションの価値は、建物の機能だけではないということを意識することで、建替事業への取り組み方も変わってくるのではないでしょうか。

1 これからのマンション価値とは？

安全性・快適性

一昔前のマンションと言えば、戸建てを購入するまでの仮住まいや、鍵一本でご近所との付き合いがないというイメージが強かったかと思います。それが近年では、終の棲家としての購入や、都市部等を中心に、それまで住んでいた戸建てを売却し住み替えるケースが増加しています。

また、人口と需給のバランスから、単に所有するという意向から、安全・安心・快適でより便利な住宅を所有したいという意向が強まっています。特に危惧される大地震に備え、新築マンションでは「免震」「制震」構造が増加し、建物の崩壊だけではなく、家具の転倒やガラス破片等の落下による怪我、事故等の抑制をしています。既存マンションにおいても耐震化はもとより、在宅避難に備え、備蓄や簡易トイレ等の準備を行うマンションが増えています。

さらに、防犯や防災についても、防犯カメラやオートロック設備の標準装備、警備会社との契約や定期巡回、エレベーターの地震時管制運転に専有部分のインターフォン等を利用し緊急地震速報を受けるといった高度な設備に関心が高まっています。また、タワー型や高級型マンションでは、共用施設の充実も特徴と言えます。

コミュニティの価値

これらの特徴や、少子高齢化、孤立死といった社会的背景を受け、いま新たに見直されているのが、コミュニティの存在です。常日頃からコミュニティ形成がしやすい工夫をすることで、複数世帯が集まって住むマンションだからこそ生まれるコミュニティがあります。

この存在は、建替えを促進するばかりか、建替え後においても、新築マンションにはないコミュニティという価値をもたらすことでしょう。

これからのマンションの価値

一昔前のマンションに求められていたもの、イメージ	これからのマンションに求められるもの、イメージ
・プライバシー重視 ・近所づきあいの煩わしさがない ・戸建てを購入するまでの仮住まい ・資産価値の上昇 ・鍵一つで外出 ・個人で修繕等を実施する必要がない	・プライバシーとコミュニティのバランス ・終の棲家 ・免震、耐震構造 ・災害時の在宅避難、備蓄、簡易トイレ ・共用施設の充実 ・防犯・防災設備の標準装備 ・土地の価格の上昇は期待できない ・高齢者の一人暮らしの増加に対応した、コミュニティ形成

不動産価値の変化

一昔前の不動産価値

➡ 土地付き戸建てを購入することがゴール

現在の不動産価値

➡ 立地の悪いマンションの価格は下降気味
➡ 立地の良いマンションが人気
➡ セキュリティの充実
➡ 耐震性や防災への備え

これからの不動産価値

時代背景　「人口減少」「単身世帯の増加」「高齢化社会」

➡ より安全、安心、快適な住環境
➡ 良好なコミュニティ形成
➡ 生活に密着したサービス（ゴミ捨て、買い物）

Point 集合体であるマンションだからこそ、良質なコミュニティが生まれる可能性を秘めている！！

2

改良や改修では得られない価値

建物全体の形を変更できる

建替えと改良や改修との大きな違いは、建替えは建物全体の配置、形状を変更できる点にあります。例えば、エレベーターの場合、改良や改修では、スペースの関係でバルコニー等への設置や、乗るまでに階段の利用を余儀なくされることもあるでしょう。建替えの場合は、建物の配置や外構等、一から設計できるため、適切な場所に設置し、余幅のある通路やスロープ等、高齢者や車いす使用者にも暮らしやすい改善策を計画することができます。また、価値観や家族構成の変化によって、専有部分の面積は、今までより広い方が良い、狭い方が良い等の希望があったとしても、改良や改修で実現することは困難と言えます。そのため近年の新築では、多様化する価値観に対応すべく、様々な面積や間取のタイプを作って対応しています。建替えであれば、個々の区分所有者の希望を反映した計画が可能になります。また40年程前と比べると、コンクリートの性能は段違いに向上し、設備においても将来の更新を見越して設置するのが当たり前になっています。

居住者同士の交流が活発化する

さらに、区分所有者全員が当事者として関わらなければ建替えできないため、一緒に取り組んだ区分所有者、居住者同士のコミュニティ形成は、お金では買えない価値があると言えるでしょう。また建替えを機に若い世代が入居し、子供と高齢者との交流や管理組合の活動が活発化する事例も多く見られます。建替え事例（インタビュー、120頁）でも、その価値について触れられています。

このように、建替えは、既存の建物よりも確実に長寿命になり、かつ、改良や改修、新築や中古の購入では得られない付加価値を得られる可能性を秘めています。

修繕……劣化した建物またはその部分の性能・機能を実用上支障のない状態まで回復させる工事
改良……建物各部の性能・機能をグレードアップする工事
改修……修繕及び改良（グレードアップ）により、建物の性能を改善する変更工事

改良、改修で得られない価値

改良、改修	建替え（再建）
●エレベーターの設置 既存階段や既存廊下へ増設 ➡ 一部階段利用等	●エレベーターの設置 適切な場所、余裕のある通路、スロープ等 ➡ 高齢者、身障者も生活しやすい環境
●専有面積 30 年以前のファミリータイプ ➡ 50m² 台	●専有面積 ・ファミリータイプ ➡ 70m² 以上 100m² 超えも人気 ・単身者向け ➡ 40m² 以上が人気
●コミュニティ ・賃貸や空室が増えていくとコミュニティが崩壊。 ・そうなる前に、コミュニティの維持の工夫が必要。	●コミュニティ ・建替え事業に取り組んだ区分所有者のコミュニティは通常の生活では形成できない価値がある（新築や中古マンションでも得られない価値）。 ・若い世代の入居により、管理組合の活発化も期待できる。
●設備の更新 給排水の配管がコンクリート埋め込みになっている場合、更新が難しい。	●設備の更新 ・設計の時点で、将来の設備更新についても計画を行う。 ・配管スペースを設け、メンテナンスしやすい計画に。

10 頁「建物が古くなってきたなと感じたら」参照。

Point
建替えで得られる価値
・建物の使いやすさ、便利な設備。
・コミュニティ（人とのつながり）を含む快適な生活環境。
・長寿命マンションに生まれ変わる。

3 コミュニティという財産

これからのマンション管理や建替えのポイントにコミュニティが挙げられます。この社会的背景には、独居老人の孤立死や、共働き世帯等様々なライフスタイルと東日本大震災の影響が大きいと言われています。地震時、多くの建物では停電やエレベーターの停止等が起こりましたが、自宅には高齢者や子供だけが在宅し、働き盛りの年代では交通機関の大幅なダイヤの乱れや停止によって帰宅困難になった方も多く、この経験をもとに「自助」や「共助」の大切さ、地域コミュニティの存在が改めて注目されました。

では、築年数が経過したマンションにおいて、コミュニティという財産が生まれる背景はどのようなものなのでしょうか。区分所有法等の法令整備がなされる前は、自分達で管理を行う自主管理マンションが多く存在し、必然的に居住者同士のコミュニティが形成されていました。また、購入が新婚時等の場合、区分所有者や子供も同年代となり、特に子供達を通して様々なシーンでお付き合いが生じるのは普通のことでしょう。築年数の経過とともにわが子のように成長を見守ってきた居住者達は、自然と良好なコミュニティを形成されています。このことは、近隣の家族構成や在宅時間帯、健康状態等の把握につながり、必然的に孤立死の抑制や災害等の被害の最小化に寄与します。

また、日頃の挨拶等を通して顔見知りになることで、不審者等の侵入時はすぐに発見され、防犯にも効果があります。高齢者が住環境を変えたくない理由の一つにこのご近所付き合いがあります。年月をかけて築かれた歴史あるコミュニティに、建替えを機に若い世帯等が参加することで、新たなコミュニティ価値が創造されます。

コミュニティという財産

社会的背景	●高齢化社会 ➡ 独居老人の増加 ●女性の社会進出 ➡ 若い世代の単身世帯増加 ➡ 共働き家庭の増加 ➡ 昼間、子供だけで過ごしている ●少子化 ➡ 人口減少 ●空き家の増加 ➡ 住宅に要求される条件も高度化 ●価値観の多様化 ➡ 住宅の形態も多様化 ●東日本大震災 ・交通機関のマヒ ➡ 多数の帰宅困難者 ・ライフラインの停止 ➡ エレベーター停止 ➡ 計画停電
コミュニティに求められること	●独居老人への声掛け ●高齢者のマンション内でのサークル等 ●子供だけで安心して遊べるスペース ●親子ともに参加できるイベント ●賃借人でも気軽に参加できるイベント ●災害時に「共助」できるコミュニティ （災害時訓練等でコミュニティ形成） ●高齢者の世帯は特に災害時に声かけをする心がけ

地域コミュニティとは

地域内に居住する住民が、地域の情報共有や防災面等での共助により、住民相互の交流や信頼関係が築かれた集団を言う。

Point 建替えマンションは、歴史あるコミュニティを活かし、建替えを機に新たに入る若い世帯も快く受け入れ、多世代が交流できるコミュニティ形成が可能。

4

スマートマンションとは？

情報技術で賢く節電

東日本大震災等の影響から、非常時の電力使用や電気料金を抑制するツールとして注目されているのが「スマートマンション」です。マンション全体でエネルギー管理、節電及びピークカットやピークシフトを行い、エネルギーの効率的な使用や無理のない節電を実現します。ピークカットは冷房・暖房等の電力需要のピーク（頂点）を低く抑えることで、ピークシフトはピーク時の需要を夜間等の需要が低い時間にシフトさせ平準化することです。具体的には、MEMS（マンションエネルギーマネジメントシステム）を導入して、MEMSアグリゲータと呼ばれる事業者が、エネルギー管理サービスを行います。MEMSとは、法的定義はないですが、建物内の電力消費量等を計測蓄積し、インターネット回線を介して、建物内外のパソコンやタブレット等で、電気使用状況等の「見える化」を図り、空調・照明設備等の接続機器の制御やデマンドピークを抑制・制御する機能等を行うシステムを言います（左図）。

様々な生活サービスへの展開も

電気料金の削減（節電行動）につながるだけでなく、高圧一括受電や太陽光発電（PV）、蓄電池等を組み合わせ、電気代の削減や停電等の非常時のエネルギーセキュリティ強化を図ることができます。他にも、侵入者の検知や高齢者の生活パターンから異常を検知し知らせる見守り機能、生活に有益な情報提供等の生活利便性サービスの展開も想定され、コミュニティ形成の一助や資産価値の向上にもつながります。「スマート」には「賢い」という意味もあり、スマートフォンが市民権を得たように、改修等のタイミングのみならず、急激に増える建替え時にも導入がスタンダードになることでしょう。

スマートマンションとは

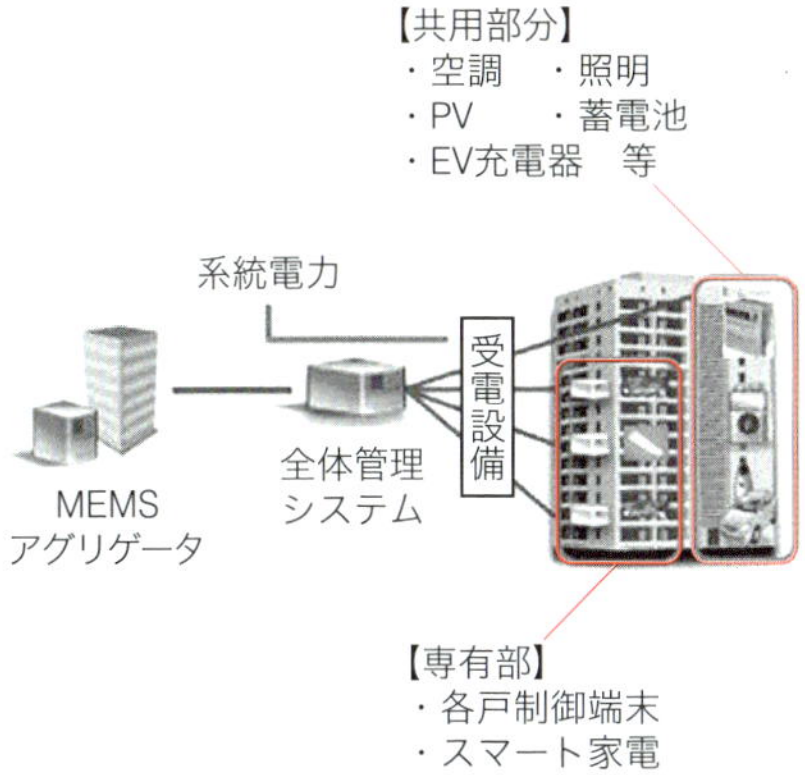

スマートマンションのイメージ
（出典：経済産業省資料）

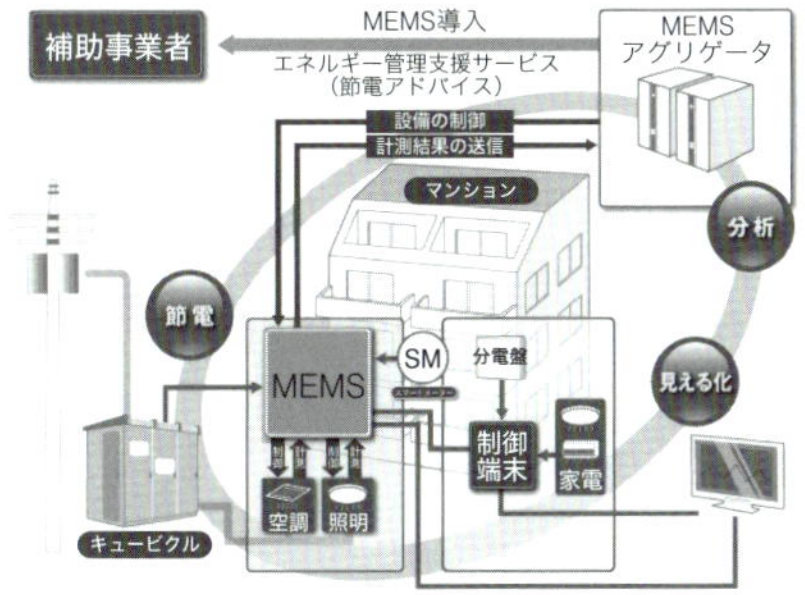

補助事業は平成26年度で終了。その後の認定制度は一般社団法人スマートマンション推進協議会に移行。

スマートマンション発足時の仕組み
（出典：経済産業省資料）

「HEMS」とは、ホームエネルギーマネジメントシステム（Home Energy Management System）の略で、各種機器に取り付けた測定器でエネルギー使用量を計測・見える化し、電気の使用状況を把握するもの。「MEMS」は、頭文字のM＝マンション向けのHEMSと言い換えられ、マンションの各部屋にある家電や制御端末（HEMS）、また、共有部分の空調、照明、太陽光パネル、蓄電池、EV充電器等に測定器が取り付けられ、電気の利用状況を把握したり、電力需要のピークを抑制・制御します。

スマートマンションの可能性

・MEMS、HEMSデータを分析して様々なサービス提供が可能。
・電気料金の削減につながるとともに、生活利便性を向上させる様々なサービスが展開され始めている。

電力系サービス	生活系サービス
・共用部分、専有部分の使用電力の見える化 ・節電することによって、割引率が上がる電気料金メニュー ・MEMSと蓄電池や太陽光発電の連携による、停電等の非常時における電力確保等	・宅内への侵入者を検知（ホームセキュリティ） ・高齢者の生活パターンを分析して異常を検知（見守り） ・消費者の生活に有用となるサービス（商店街のクーポン等）の提供等

5 理想のマンションライフ

高齢・単身世帯の増加

マンションでは、ご縁があった区分所有者同士が一つ屋根の下で共同生活を送ります。管理規約等のルールを遵守しなければならない一方で、共用施設等に集まって住むことによるメリットが存在します。

例えば、戸建てより利便性が高い場所に住めることや、最近は、タワー型や高級マンションを中心にホテルのようなフロントサービス（宅配便やクリーニングの取次ぎ、共用施設の予約等のコンシェルジュサービス）も人気です。

また重い荷物を玄関先まで届ける、玄関先からゴミを回収する等の高齢者や子育て世帯にも嬉しいサービスも行われています。

このように建物の施設、設備の充実だけでなく、安全・安心・快適で、そしてより便利なサービスが求められています。

今後、益々増加するであろう高齢者や単身者の世帯に備え、建替え時においても新たにコミュニティを形成しやすくするための工夫も求められるでしょう。どのような建物にし、どのような共用施設、設備等を設置するか等の検討や計画について、居住者の意向により添えるコンサルタントやデベロッパーの存在は貴重です。

また、建替え後の生活を考えたサービスに対応してくれる管理会社等の検討も重要と言えます。

受け継がれる財産とは

建替えの必需性やメリットについて触れてきましたが、マンションは、各区分所有者の財産であることはもとより、社会的な影響力がある「地域の財産」という側面も持ち合わせています。

例えば、近年、町内会活動をする方の減少や商店街の過疎化に注目が集まっていますが、この活性化の起

理想のマンションライフ

マンションで暮らすことのメリット

- 共用施設（パーティールーム、集会室、プレイルーム等）を利用することができる
- 利便性が高いエリアに住める（戸建てでは購入の難しいエリア）
- コンシェルジュサービス（宅配便の受付、クリーニングの取次ぎ等）
- 専有部サービス（専有部分のメンテナンスの受付、管球類の交換等）
- 建物のメンテナンスは、管理組合で全体管理
- 構造や消防設備により、大規模火災は発生しにくい　等

管理会社に委託

- 警備員の巡回によるセキュリティ

これから建て替える理想のマンション

- 現在のマンション事情を調査し、建替えによって実現可能な施設を洗い出す。
- 現マンションの区分所有者等が何を望んでいるのかを洗い出し、話し合いの中で何を採用するかを決めていく。
- 特にコミュニティ形成に有効な施設等は、これからのマンションの価値を高めるためには必須と言える。

共用施設の例（ラウンジ）

共用施設の例（屋上庭園）

爆剤として、地域コミュニティが挙げられます。既にマンションに住む老若男女の存在に加えて、建替えを機に子育て世帯が増えれば、商店街等の近隣地域の活性化にも貢献することでしょう。また、お祭りや防災訓練等のイベントを開催することで、居住者だけでなく近隣住民とのつながりも期待できます。つまり、マンションが地域コミュニティの核となり、近隣住民のつながりをもつくる活性化の役割を担うことができるのです。さらに「まちづくり」の視点で見れば、防災、防犯、コミュニティ等、多くの可能性を秘めています。

無限に使用し続けることはできない

一方でどれだけ頑丈な建物でも、経年とともに劣化し、性能は確実に陳腐化していくので、維持管理をしない状況で無限に使用し続けることは、まずできないと考えていいでしょう。

そのため、マンションの設備・仕様に合わせた維持管理や的確な修繕計画を立てることが重要です。

「再販価値」と「収益性」

また、資産として考えた場合のポイントとして、転売した際の価格「再販価値」と、賃貸した際の賃料「収益性」があります。

わかりやすく言うと、いかに「高く売れ」「高く貸せるか」がポイントであり、「このマンションに住みたい・買いたい」と思う方が多く、住まいとしてのニーズがどれだけ高いかに尽きるでしょう。

マンションの価値

裏を返せば、価格が高くても、順番待ちをしてでも、特定のマンションが欲しいというニーズがあるということは、売り手・貸し手にとって有利な条件となり、結果として資産価値が落ちないと言えるわけです。

当然ながら、世代交代や相続を考えた場合、資産価値が高いに越したことはありませんが、人口減少や住宅の需給バランスから余剰住宅が増加する我が国において、将来に向かって資産価値がどうなるかは重要なポイントと言えます。

マンションの集合体の強みを生かし、経年しても「住みたい」と思うマンションにしていくためには、質の高い管理と、居住者同士で自主的につくりあげるコミュニティの存在が不可欠と言えます。

受け継がれる財産

マンションは、個人の財産という側面の他に、規模が大きいことから「地域の財産」という側面も持ち合わせる。

町内会の活動が衰退傾向

↓

建替えマンションの老若男女が地域とも関わることで、地域コミュニティの活性化にも貢献できる。

商店街の衰退

↓

建替えにより子育て世代の増加、人口増加によって、商店街の活性化

地域防災

↓

マンション内の備蓄倉庫、簡易トイレ、一時避難場所等で自助・共助に貢献

Point 資産価値を維持するためには、建物の維持管理は当然ながら、日常の管理サービス、魅力的なコミュニティ等、時代や住まいのニーズに合わせることが重要である。これらを区分所有者が常に意識し、管理組合の活動を活発に行うことが「高くても購入したい」マンションであり続けることにつながる。

おわりに

最後までお読みいただき、ありがとうございました。

この本を手に取った方は、建替え問題に直面している方が多いと思います。マンションという集合体では、法律も含め様々な決まりごとの中で、多くの人が生活しています。建替えという大きな事業を成功させるためには、これらの法律、決まりごとを理解することと、区分所有者、居住者間のコミュニケーションが鍵となってきます。

建替えに成功された元理事長の方々にインタビューさせていただいて、それぞれたくさんの知識と行動力をお持ちで、多くの人をまとめるお人柄というのも重要であることを実感しました。

この本は、マンション建替えの「入門書」として基礎的な内容をまとめたものです。この本をきっかけに、建替えという難しい事業に前向きに取り組む方が増えることを祈っています。

最後になりましたが、快く取材に応じていただいた旭化成不動産レジデンス㈱、㈱長谷工コーポレーション、新日鉄興和不動産㈱、協同組合都市設計連合、各社のご担当者様、誠にありがとうございました。また、インタビューに応じてくださった元建替組合の理事長の方々に深く感謝申し上げます。そして、編集者の岩崎様には、多くご迷惑をおかけしたにも関わらず、最後まで根気よくお付き合いいただき、本当にありがとうございました。

平成27年8月1日

日下部理絵

本山千絵

日下部 理絵（くさかべ　りえ）／マンション管理士
第1回マンション管理士・管理業務主任者試験に合格後、マンション管理会社での勤務を経て、マンション管理の総合コンサルタント事務所「オフィス・日下部」を設立。管理組合の相談・顧問業務を行うほか、書籍・雑誌記事などの執筆・監修、行政・民間が主催する様々なセミナーに講師として登壇。さらに、テレビ出演・ラジオのパーソナリティなど幅広く活躍。
著書:『マンション理事になったらまず読む本』(実業之日本社)、『まるわかりスマートマンション』(住宅新報社)、『マンション管理組合・管理会社 これからのマンション管理ガイド』(ぱる出版) など。

本山 千絵（もとやま　ちえ）／一級建築士
1987年建築構造事務所に入社、有限会社デ・アルテアルテ建築設計事務所、有限会社ライヴサポートを経て、現在独立し Mot Design 一級建築士事務所代表。マンションの設計・監理を多く手がける。総合資格学院の建築士試験対策講座の講師としても活躍。

マンション建替えがわかる本
円滑化法改正でこう変わる！

2015年8月1日　第1版第1刷発行

著　者 ……… 日下部理絵・本山千絵
発行者 ……… 前田裕資
発行所 ……… 株式会社 学芸出版社
〒600-8216
京都市下京区木津屋橋通西洞院東入
電話 075-343-0811
http://www.gakugei-pub.jp/
E-mail info@gakugei-pub.jp

装　丁 ……… KOTO DESIGN Inc.　山本剛史
印　刷 ……… サンエムカラー
製　本 ……… 新生製本

ISBN978-4-7615-2600-9　Printed in Japan